**Referenten/-innen der Ringvorlesung
»Innovation – wie geht das?«**

Dr.-Ing. Werner Baumann: Wissenschaftlicher Mitarbeiter des Instituts für Umweltforschung INFU der Technischen Universität Dortmund

Prof. Ursula Bertram: Künstlerin und Professorin an der Technischen Universität Dortmund, Institut für Kunst und Materielle Kultur, Bereich »Plastik und Interdisziplinäres Arbeiten«, Leiterin der [ID]factory

Prof. Dr. Klaus-Peter Busse: Professor an der Technischen Universität Dortmund, Seminar für Kunst und Kunstwissenschaft

Prof. Dr. Nils Büttner: Professor an der Staatlichen Akademie der Bildenden Künste Stuttgart, Inhaber des Lehrstuhls für Mittlere und Neuere Kunstgeschichte

Prof. Dr. Horst Geschka: Professor em. an der TU Darmstadt, Geschäftsführer der Geschka & Partner Unternehmensberatung, Darmstadt

Birgit Götz: Choreografin, Tänzerin und Tanzpädagogin in Dortmund

Eckhard Gransow: Head of Pre-Development & New Technologies bei der Grohe AG in Menden

Prof. Dr.-Ing. Klaus Henning: Professor an der RWTH Aachen, Fakultät für Maschinenwesen & Senior Advisor am Institutscluster ZLW/IMA & IfU Aachen

Prof. Jan Kolata: Künstler und Professor an der Technischen Universität Dortmund, Institut für Kunst und Materielle Kultur, Lehrstuhl für Malerei

Prof. Dr.-Ing. Bernd Künne: Professor an der Technischen Universität Dortmund, Fakultät Maschinenbau, Fachgebiet Maschinenelemente

Birgit Luxenburger: Malerin, Grafik-Designerin, Fotografin aus Mainz

Dr.-Ing. Werner Preißing: Studienleiter für Architekturmanagement an der Steinbeis-Hochschule Berlin, Systemanalytiker, Unternehmerberater, Architekt in Mainz und Stuttgart

Prof. Dr. Klemens Störtkuhl: Professor für Biologie und Biotechnologie, AG Sinnesphysiologie an der Ruhr-Universität Bochum

Prof. Dr. Peter Witt: Professor für Innovations- und Gründungsmanagement an der Technischen Universität Dortmund

Abb. vorherige Seite: Arbeit von Barbara Schulte

Studien zur Kunst in außerkünstlerischen Feldern | Band 1

Ursula Bertram (Hg.)

INNOVATION – WIE GEHT DAS?

Eine Veranstaltung der [ID]factory, Zentrum für Kunsttransfer,
TU Dortmund, Institut für Kunst und Materielle Kultur

DORTMUNDER | SCHRIFTEN ZUR KUNST

Zentrum für Kunsttransfer
[ID] *factory*

Impressum Dortmunder Schriften zur Kunst
Studien zur Kunst in außerkünstlerischen Feldern | Band 1

Ursula Bertram (Hg.)
Innovation – wie geht das?
Eine Veranstaltung der [ID]factory, Zentrum für Kunsttransfer,
TU Dortmund, Institut für Kunst und Materielle Kultur

Bibliografische Informationen der Deutschen Bibliothek
Die Deutsche Bibliothek verzeichnet diese Publikation in der deutschen Nationalbibliographie;
detaillierte bibliografische Daten sind im Internet über <http://dnb.ddb.de> abrufbar.
ISBN 978-3-8391-8800-2

© 2010 Dortmunder Schriften zur Kunst

Abbildungen
Die Abbildungsrechte zu diesem Buch wurden sorgfältig recherchiert. Die Abbildungsunterschriften geben
Auskunft über die Inhaber der Bildrechte und über die Abbildungsgenehmigungen. Sollten wir einen Fall
übersehen haben, bitten wir um Mitteilung.
Dieses Werk, einschließlich aller seiner Teile ist urheberrechtlich geschützt. Jede Verwertung außerhalb der
engen Grenzen des Urheberrechtsgesetzes ist ohne schriftliche Zustimmung der Dortmunder Schriften zur
Kunst unzulässig und strafbar. Das gilt insbesondere für Vervielfältigungen, Übersetzungen in andere
Sprachen, Mikroverfilmungen und für die Einspeicherung und Verarbeitung in elektronischen Systemen.

Fotos: Mark Wohlrab, außer: S. 36 Ursula Bertram, S. 99–105 (Text Götz): Ralf Reinhardt, S. 126–134 (Text
Kolata): Ulrich Baatz und Jan Kolata, S. 154–163 (Text Luxenburger): Werke und Fotos Birgit Luxenburger, S. 168, Skizze © Werner Preißing / Ursula Bertram, S. 169–187 (Text Preißing): Skizzen und Zeichnungen © Werner Preißing, S. 200: Foto: Ursula Bertram

Gestaltung: Frank Georgy, kopfsprung.de
Herstellung und Verlag: Books on Demand GmbH, Norderstedt

Studien zur Kunst in außerkünstlerischen Feldern | Band 1

Ursula Bertram (Hg.)

INNOVATION – WIE GEHT DAS?

Eine Veranstaltung der [ID]factory, Zentrum für Kunsttransfer,
TU Dortmund, Institut für Kunst und Materielle Kultur

Namhafte Vertreter der Bereiche Musik, Philosophie, Kunstvermittlung, Unternehmensmanagement, Wirtschaftswissenschaften, Kunst, Kirche, Umweltforschung, Kunstgeschichte, Unternehmensberatung, Medien- und Marketing, Choreografie, Architektur, Biologie aus den Städten und Hochschulen Aachen, Bochum, Darmstadt, Dortmund, Mainz, München und Wien referierten in der Ringvorlesung von April 2008 bis Juli 2009 zum Thema »Innovation – wie geht das?«, veröffentlicht zum Symposium »Kunst fördert Wirtschaft«, Dortmund, Nov. 2010.

DORTMUNDER | SCHRIFTEN ZUR KUNST

Ursula Bertram
11 **Vorwort**

Werner Baumann
21 **Die Innovation des Recyclings**

Ursula Bertram
37 **Kunst fördert Wirtschaft**

Nils Büttner
43 **Kreativität und Innovation
in der Kunstgeschichte**

Klaus-Peter Busse
53 **Hot Spot: Bild, Ort, Institution**

Horst Geschka
67 **Systematische Ideengenerierung im Rahmen
betrieblicher Innovationsprozesse**

Eckhard Gransow
81 **Wie entstehen Innovationen im Unternehmen?
Beispiel: GROHE AG**

Birgit Götz
95 **Braucht der Tanz eine Bühne?
Der Tanz und seine innovativen Entwicklungen**

INHALT

Klaus Henning und Esther Borowski
107 **Die Zukunft fest im Blick: interdisziplinäre Innovationen**

Jan Kolata
125 **Innovation und Invention im Prozess der Malerei**

Bernd Künne und Björn Palm
137 **Konstruktionsmethodik als Hilfsmittel für Innovationen auch in nicht technischen Bereichen**

Birgit Luxenburger
151 **Ohne Titel**

Werner Preißing
169 **Die Sprache der Innovation**

Klemens Störtkuhl
191 **Der Duft des blauen Lichts**

Peter Witt
201 **Innovationen aus betriebswirtschaftlicher Sicht**

218 **Angaben zu den Autoren/-innen**

Blick in die Räume der [ID]factory

VORWORT

**Über dieses Buch und die Frage,
wie Innovation funktioniert**

Ort der Veranstaltung war die [ID]factory, die als interdisziplinäre Denkfabrik und künstlerisches Forschungslabor auf dem Campus Nord der TU Dortmund angesiedelt ist, umgeben von Maschinenbauern, Chemietechnikern, Wirtschaftswissenschaftlern und dem Roboterinstitut.
Die Insellage der ursprünglich aus der Kunst heraus entwickelten Querdenkerfabrik inmitten der großen wissenschaftlich und vor allem technisch orientierten Fakultäten fordert das Arbeiten über die Fachgrenzen hinweg zum Transfer von Gedanken geradezu heraus. Insofern liegt es nahe, im Zentrum für Kunsttransfer die Frage nach der Innovationsgenerierung zu stellen, die als eine gemeinsame Kernfrage künstlerischen und wissenschaftlichen Denkens und Handelns gesehen werden kann.

Denkansatz der [ID]factory ist seit ihrer Gründung im Jahre 2007 die These, dass sich Prozesse der Innovationsgenerierung aus dem künstlerischen Bereich auf andere Bereiche, wie Wirtschaft, Management und Wissenschaft übertragen lassen. Sofern dies gelingt, ergäben sich ungeahnte Möglichkeiten, den Prozess der Innovationsgenerierung über lineare Kreativitätstechniken hinaus in allen Bereichen zu verbessern. Dies gilt insbesondere auch für Wirtschaftsunternehmen, deren Wachstum und permanente Anpassung an veränderte Umfeldbedingungen von der Fähigkeit zur Innovation abhängig ist.
In zahlreichen fachübergreifenden Seminarveranstaltungen für Studierende aller Fakultäten wurden auf der Grundlage dieses Ansatzes eines möglichen Transfers künstlerischen Denkens und Handelns in außerkünstlerische Felder erstaunliche Ergebnisse erzielt. Maschinenbauer, Wirtschaftswissenschaftler, Ori-

Abb. links: Ausstellungssituation in der [ID]factory

entalisten, Künstler, Chemiker, Raumplaner und Musiker[1] entwickelten Projekte unter der gleichen Fragestellung in interdisziplinären Think Tanks und Erfinderwerkstätten. »Wir kümmern uns um non-lineares Denken!« war die Stoßrichtung für experimentelle »Eintagsfliegen« und komplexe Projekte einer ebenso non-linearen, fachübergreifenden Besetzung von Studierenden.

> Aus der Seminarankündigung[2]: »Wir zerlegen Unternehmen in ihre Bestandteile und setzen die Teile neu zusammen. Wir knüpfen Worte an Fragen, erfrischen Homepages mit einer kalten Dusche und tauchen Gedanken solange in Champagner, bis sich Elementarteilchen bilden als Ausgangspunkt für neue, klare und atemberaubende Konstellationen eines Unternehmens und dessen ID in Gedanken, Worten, Formen, Pixeln und Systemen. Der factory-Kurs versteht sich als Entwicklungsraum für Kunsttransfer und interdisziplinäres Arbeiten zwischen Kunst, Wissenschaft und Wirtschaft.«

Eine neue Dimension erhielt die Fragestellung im Format »Innovation – wie geht das?« durch die Ringvorlesungen im Jahre 2008 und 2009. Die Reihe setzte sich im Frühjahr 2010 fort in Form einer experimentellen Junior-Ringvorlesung und findet ihren vorläufigen Höhepunkt im Symposium »Kunst fördert Wirtschaft« im November 2010.

Die vorliegende Publikation zur Ringvorlesung enthält die Beiträge der Vortragenden zur Frage: »Innovation – wie geht das?«. Alle Referenten haben diese Frage ohne Abstimmung untereinander aus ihrem spezifischen Blickwinkel nach bestem Wissen und Gewissen beantwortet. Insofern kann sich der Leser selbst ein Bild darüber machen, welche Gemeinsamkeiten auf der Faktenebene in Bezug auf den Prozess der Innovationsgenerierung zu finden sind.

Meine eigene Erkenntnis besteht darin, dass sich wesentliche Elemente, wie das Prinzip des »Trial and Error« in allen Annäherungen finden lassen. Im Bereich von Wirtschaftsunternehmen ist dies mit erheblichen, zum Teil existenziellen Risiken verbunden. Im wissenschaftlichen Bereich gehören Versuch und Irrtum durchaus zur akzeptierten bzw. erwünschten Vorgehensweise. Im künstlerischen Sektor sind »Trial and Error« Grundbedingung künstlerischer Arbeit.

Insofern bedeutet die Annäherung an künstlerische Prozesse, sich dem Prinzip von Trial and Error zu nähern, möglicherweise in einem risikoarmen, sozusagen geschützten Feld.

Die Hörer dieser Vorlesung, vor allem die Studierenden aus den verschiedensten Fachgebieten, meine Kunststudentinnen und Kunststudenten sowie Mitarbeiterinnen und Mitarbeiter und ich selbst erfuhren die Fragestellung immer wieder neu. Am interessantesten war das Erlebnis, sich allmählich auch von außen wahrnehmen zu können. Während die Studierenden der Wirtschaftswissenschaften unter dem Publikum ein Gefühl des Selbstverständnisses hatten, als der Lehrstuhlinhaber für Innovationsmanagement vortrug, ging es den Studierenden der Kunst ähnlich, als eine Künstlerin über die Innovationsprozesse sprach. Das hatte interessante Folgeerscheinungen über die Inhalte hinaus.

Die Art der Wahrnehmung der Anderen, das Realisieren und allmähliche Akzeptieren anderer Denkstrukturen bei Kommilitonen veränderte sich in der zunächst völlig inhomogenen Gruppe, die durch die Vorlesung über Monate verbündet war. Kommunikationsängste bauten sich ab, das Verständnis für vielschichtige Perspektiven stieg deutlich. Das kann für eine erfolgreiche Teamarbeit im späteren Berufsfeld von großer Bedeutung sein. Die Entdeckung, dass jeder an einer anderen Stelle des gleichen Themas angezündet ist, dass dieses »Anzünden« fächerübergreifend sein kann, während das Wissen austauschbar ist im besten Sinne des Wortes: es kann untereinander ausgetauscht werden.

Zum einen fühlte sich immer wieder eine andere Gruppe im sicheren Hafen ihrer »Heimat«, zum anderen konnte jeder für sich gleichzeitig beobachten, wie sich die Denkweise, die Begrifflichkeit, die Herangehensweise und folglich das Verständnis unterschied, ohne dass der eine oder der andere in der Beantwortung der Frage mehr oder minder Recht hatte bzw. die wahrhaftige Antwort zur Fragestellung ausschließlich für sich verbuchen konnte. In dieser Vorlesungsreihe wurde das Resümee von Popper aus seinen erkenntnistheoretischen Betrachtungen wahrhaft gelebt: »Wir haben es überhaupt nur mit Vermutungen oder Hypothesen (das ist dasselbe) zu tun. Wir haben dauernd Vermutungen, die von uns geschaffen werden.
Diese Vermutungen versuchen wir dauernd mit der Wirklichkeit irgendwie zu konfrontieren und so dann unsere Vermutungen zu verbessern und sie der Wirklichkeit näherzubringen.«[3] Genau diese Wirklichkeit, manifestiert in der Ringvorlesung, beinhaltet für jeden Einzelnen etwas anderes.

Das Interessante daran ist nicht der in der Wissenschaftslehre zur Genüge diskutierte »wahrhaftige« Weg, sondern die spürbare Diversität.

- Für einen Biologen ist ein Zeitfaktor von 1000 Jahren für eine evolutionäre Innovation, zum Beispiel die Entwicklung der semipermeablen Hautoberfläche von Fröschen, das Maß der Dinge. Für einen Kreativitätstechniker liegt die erwünschte Entwicklungsspanne von Innovationen eher bei zwei bis vier Stunden.
- Eine Innovation oder eine Idee bedeutet für einen konzeptionellen Künstler schlicht das Kernstück seiner Arbeit, die zu erringen ein nonlineares, für Störungen anfälliges Gespinst aus Komplexität und Leichtigkeit erfordert.
- Für ein Patentamt bedeutet eine Idee einen Verwaltungsakt, der nach linearen Regeln funktioniert, die bis ins Kleinste festgelegt sein müssen.
- Im Innovationsmanagement bedeutet es eine Untersuchung auf Markttauglichkeit und Gütesiegel nach bestimmten Methoden, bei der die innewohnende Idee austauschbar ist.

Wie also Innovation geht bzw. funktioniert, ist zuallererst die Frage nach der Perspektive des Beobachters der Frage. Eine Perspektive, die seit Heisenbergs Untersuchung zur Konsistenz des Lichtes nicht nur zur Unschärfetheorie geführt hat, sondern zur grundlegenden Neubetrachtung der Naturwissenschaft. Das Umfeld, der Kopf bzw. der Geist des Betrachters, die gedankliche Fragestellung beeinflusst die naturwissenschaftliche Antwort. Beim Versuch Heisenbergs antwortete das Licht einmal als Atom und bei veränderter Fragestellung als Welle und hebelte somit die Grundfesten des bis dato bestehenden Glaubens aus, dass zumindest naturwissenschaftliche Versuchsanordnungen immer objektive nachvollziehbare und von der Fragestellung unabhängige, wahrhaftige Ergebnisse hervorbringen.

Die Bedeutung des Prinzips der Heisenbergschen Unschärfe ist und war für Künstler einerseits sicherlich wenig aufregend, da Zufall, Unschärfe, subjektiver Standort, sozusagen das Verbleiben im instabilen Raum geradezu zur professionellen künstlerische Arbeit gehört. Wohingegen Wissenschaftler einen Paradigmenwechsel erlebten, zumindest die Anhänger des kartesianischen Modells. Andererseits ist das Prinzip der Unschärferelation und der Relativitätstheorie für die Kunstwelt äußerst spannend, denn – so meine Wahrnehmung oder mehr noch meine These – damals begann die neuzeitliche Annäherung wissenschaftlicher Denkprozesse an den künstlerischen Prozess des Denkens und Handelns. Insofern bleibt das Spannungsfeld zwischen künstlerischer und wissenschaftlicher Strategie ein eminent bedeutsames Zukunftspotenzial.

Natürlich ist diese Betrachtungsweise eine künstlerische Perspektive, da Künstler erworbenes Wissen nicht oder äußerst selten direkt anwenden bzw. übertragen auf die »Produkte« ihrer Beschäftigung. Das Wissen nimmt vielmehr indirekt Einfluss auf das Werk, während die prozessuale Erfahrung, also die durch Versuch und Irrtum geleitete Erforschung eines Gegenstandes, maßgeblich ist. Der Gegenstand, der zunächst noch nicht visuell sichtbar ist, bildet sich erst allmählich in der notwendigen Schärfe ab und ist erst in seiner Erscheinung für den Künstler selbst erkennbar und überprüfbar in der Kompatibilität mit der Idee. »Was Kunst ist, lässt sich also nicht statisch in einer Definition festlegen, wohl aber ist es möglich, sich der Funktionsweise des Kunstsystems über eine prozessuale Sichtweise anzunähern.«[4]

Insofern erscheint mir die Wissensvermittlung gepaart mit der erlebten Erfahrung von Diversität ein wichtiger Faktor einer solchen Lehrveranstaltung. Erfahrung und im Übrigen auch künstlerische Prozesse kann man bekanntlich nicht lehren, lediglich anstoßen. Jede Erfahrung, die weitergegeben wird, ist Wissensvermittlung und ganz ungeeignet für die Erringung von Erfahrung.

Im Verlauf der Vorlesungsreihe wurde mir einerseits klar, dass allein der Begriff »Innovation« oder »Idee« fächerspezifisch völlig anders determiniert wird, andere Reaktionen hervorruft und andere Prozesse evoziert, auch in der emotionalen Haltung dazu. Andererseits wurde mir auch bewusst, wie sehr meine Perspektive von der Denk- und Handlungsweise als Künstler geprägt ist. Ich erhielt unerwartete Antworten auf die Kernfrage der Innovation. Meine Vermutung der fachübergreifenden Ähnlichkeit des Innovationsprozesses wurde von den Co-Referenten zunächst weder negiert noch bestätigt. Erst im Abstand wurde mir klar, dass sowohl die Innovationsprozesse des blauen Lichtes eines Käfers, als auch die Unternehmensprozesse bei einer Softwareentwicklung im Grunde auf der Erfahrung des Probierens und Scheiterns beruhen, nur in anderen Zeitspannen und mit anderen Risiken. Sogar die Marktanalyse einer patentreifen Idee dreht sich um Trial and Error, hier allerdings mit wirtschaftlicher Relevanz. Missglückte »Probierbewegungen«[5] eines Unternehmens oder eines Käfers bedeuten existenzielle Nöte, wohingegen erfolgreiche Versuche Weiterentwicklung bedeuten.

Im Ergebnis wurden meine Erwartungen übertroffen, was den Einblick in andere fachliche Sichtweisen, den Umgang mit dem Begriff »Innovation« und die Neuerungen und Erfindungen betraf, die aus den verschiedenen Fachgebieten vorgetragen und diskutiert wurden.

Die Frage, ob Innovation eine Marktstrategie, eine geistige Kreation oder eine evolutionäre Entwicklung ist, bleibt im besten Heisenberg'schen Sinne nebeneinander stehen.

Fazit ist, dass die Prozesse der Innovationsgenerierung ähnlich sind. Sie beinhalten ein Handeln, das auf Experimentieren beruht, oder ein Denken, dem das Wegdenken innewohnt. So funktionieren künstlerische Prozesse.

Allgemein gesprochen: Je bahnbrechender und kühner eine Idee oder Erfindung in Wissenschaft, Technik und Unternehmensführung war, desto größer war der Anteil des künstlerischen Denkens und Handelns der Beteiligten. Das Einüben künstlerischer Prozesse in allen Fachgebieten verhilft dazu, die Wahrscheinlichkeit des Erfolges der Entwicklung und Weiterentwicklung extrem zu erhöhen, ganz unabhängig vom jeweiligen Fachgebiet.

Mein Dank gilt den von mir hochgeschätzten Kolleginnen und Kollegen, die das Thema bereits als Ringvorlesung in der [ID]factory vor einem interessierten Publikum referiert haben und ihre Beiträge für diese Publikation, soweit möglich, zur Verfügung stellten. Ganz besonders dankbar bin ich für die Einblicke in die verschiedenen Perspektiven und somit die Möglichkeit eines vielschichtigen und bereichernden Diskurses. Die Eröffnung neuer Denkwege und das Verlassen eingefahrener Pfade wird die [ID]factory im Sinne des gemeinsamen Themas weiter beschäftigen.

Prof. Ursula Bertram
Dortmund, Juni 2010

1 Im einzelnen: Maschinenbau, Wirtschaftswissenschaften, Kunst, Angewandte Literatur- und Kulturwissenschaften, Journalistik, Psychologie, Organisationspsychologie, Elektrotechnik, Angewandte Informatik, Philosophie, Anglistik, Amerikanistik, Sozialpsychologie und – anthropologie, Musik, Theologie, Textilwissenschaften, Romanische Philologie, Germanistik, Erziehungswissenschaft, Religionswissenschaft, Politik, Wirtschaft und Gesellschaft, Medienwissenschaft, Geschichte, Chemie, Sportwissenschaft, Kunstgeschichte, Physik, Raumplanung und vergleichende Literaturwissenschaft

2 www.id-factory.blogspot.com, 25.7.2010, sh.6.2.2008 Verleihung des ersten Factory Preises

3 Karl R. Popper in »Alles Leben ist Problemlösen« Piper Taschenbuchausgabe, 12. Auflage, Juli 2009, S. 50

4 Tschacher, Wolfgang/ Martin Tröndle (2005): Die Funktionslogik des Kunstsystems: Vorbild für betriebliche Organisation? In: Management und Synergetik, hrsg. v. Timo Meynhardt und Ewald Brunner, Münster, New York, München, Berlin: Waxmann

5 Karl R. Popper in »Alles Leben ist Problemlösen« Piper Taschenbuchausgabe, 12. Auflage, Juli 2009, S. 140

Arbeit von Alischa Leutner, Ilona Kohut, Birgit Mittelstenschee, Stephanie Zeiler

DIE INNOVATION DES RECYCLINGS

Werner Baumann

WAS IST INNOVATION?

»Im engeren Sinne resultieren Innovationen erst dann aus Ideen, wenn diese in neue Produkte, Dienstleistungen oder Verfahren umgesetzt werden (Invention), die tatsächlich erfolgreiche Anwendung finden und den Markt durchdringen (Diffusion)«.[1]
Wissenschaft und Hochschulprojekte sind also mit ihren Aktivitäten danach meist im »Ideen-Bereich« angesiedelt, aus denen dann Innovationen werden können, aber dieses Stück Weg ist allgemein als »nicht hochschulwürdig« eingestuft. Wer eine Idee marktreif macht, macht allenfalls angewandte Forschung – und die ist in Hochzeiten sprießender Exzellenzbestrebungen als zweit-, eher drittrangig eingestuft.
Der Haken an der Sache: Ideen werden zu Innovationen, wenn der existierende Markt sie für interessant genug hält, sie umzusetzen. Was aber, wenn es eine marktwirtschaftlich wenig attraktive, dafür vielleicht gesellschaftlich sehr wünschenswerte Idee ist? Hier müsste die Politik einspringen, aber die ist von Gutachten und allerlei absichernden Analysen abhängig und hängt damit am Tropf der wissenschaftlichen Expertise. So schließt sich ein Kreislauf, dem man getrost unterstellen kann, dass er allen »versicherungstechnischen« Aspekten genügt, aber die Gesellschaft kaum weiter bringt.
Gesellschaftspolitik bringt wiederum jeden Natur- oder Ingenieurwissenschaftler in existenzielle Denkkonflikte. Auch das ist eine erstaunliche Entwicklung, denn seit Jahrzehnten sind im offiziellen Sprachgebrauch interdisziplinäre Kooperationen total angesagt – nur wer das Wagnis eingeht sie einzugehen, der

kommt im besten Fall als ingenieurwissenschaftliches Weichei aus der Sache wieder raus. (Zugegeben, das ist zugespitzt formuliert und übergeht durchaus existierende Kooperationen).

Ich möchte Sie gerne mitnehmen in die Entwicklung eines interdisziplinären Hochschul-Projektes. Wir werden dabei mehrfach an den Punkt kommen, wo Sie uns Realitätsverlust und Spinnerei vorwerfen. Lassen Sie sich trotzdem darauf ein – immerhin ist es uns gelungen, aus einer Idee einen ganzen Strauß von Innovationen zu machen. Und »Spinner« ist für uns ein großes Lob, wie wir zeigen werden.

Alles begann 2001, als das Bundesministerium für Bildung und Forschung (BMBF) einen Forschungsschwerpunkt »Innovative Produktnutzungsstrategien« ausschrieb. »Nachhaltig Wirtschaften« stand im Mittelpunkt und so hatte man das Umweltbundesamt mit der Koordination des Schwerpunktes betraut. Wie wir später erfuhren, gelang es dem Amt, unserem Projektvorschlag, der sich mit der Reduzierung der 7 Mio. Tonnen Möbelmüll pro Jahr in der Bundesrepublik befasste, nur mit äußersten Anstrengungen zu einer Förderung zu verhelfen. Grund waren dabei keineswegs fachliche, technische Mängel oder finanzielle Restriktionen, sondern die Tatsache, dass wir in einem Verbund aus Ingenieur- und Wirtschaftswissenschaftlern, aus Planern, Informatikern, Marketingspezialisten, Entsorgern, Handwerkern, Qualifizierungsgesellschaften und Werkstätten für Menschen mit Behinderung angeboten hatten. Um die zu erwartenden Reibungspunkte bei Diskussionen z. B. zwischen Entsorgern, Tischlern und Wirtschaftswissenschaftlern moderat zu halten, hatten wir die Unterstützung eines Supervisors eingeplant. Das hat der Projektidee fast den Rest gegeben. Kurz – der Projektvorschlag[2] wurde akzeptiert, 2002 gingen wir an den Start, 2005 zum Projektende gründete sich eine GmbH[3] aus. Aus der Idee war ein Netzwerk entstanden, das bis heute Arbeitsplätze schafft, benachteiligte Jugendliche und Langzeitarbeitslose qualifiziert, für Werkstätten für Menschen mit Behinderung sinnvolle Arbeit bietet, den Möbelmüllberg reduziert, das Klima durch CO_2-Einsparung schützt, eine Schnelltestmethode für das Umweltgift Formaldehyd in Holzwerkstoffen und Textilien entwickelt hat, dessen Produkte auf der Biennale in Venedig ebenso wie auf der weltgrößten Möbelmesse – der imm in Köln – oder im Bauhaus Dessau, im MARTa-Museum Herford, in den Trend-setzenden Häusern des Stilwerkes in Deutschland ausgestellt und verkauft werden usw. usw.

Sieht man von einer institutionellen Projekt-Förderung im Rahmen des Forschungsschwerpunktes ab, blieb es dem hier beschriebenen Netzwerk, das sich inzwischen ZweitSinn[4] nennt, als einzigem vorbehalten, noch heute als Ergebnis des BMBF-Schwerpunktes zu existieren und wirtschaftlich am Markt zu agieren. Streng nach der Definition (siehe oben) ist uns damit eine »Innovation« gelungen. Diese Tatsache hatte uns ausreichend Selbstbewusstsein verschafft, den Prozess im Rahmen der Ringvorlesung der [ID]factory der TU Dortmund zum Thema »Innovation – wie geht das?« vorzustellen.

Unter dem vielversprechenden, aber sperrigen Titel: »Die Wohnung als Soziotainment[5] – cleveres Recycling-Design wird zum Persönlichkeitsviagra[6]« oder kurz »Die Innovation des Recycling« ging es um die Frage, was – im Bereich des Möbelmüllrecyclings – als zukunftsweisend eingestuft werden kann.

DIE AUSGANGSLAGE

In jedem Jahr werden in Deutschland etwa sieben Millionen Tonnen Möbel aussortiert. 90 bis 95 Prozent davon landen bisher als Sperrmüll in Müllverbrennungsanlagen oder auf der Deponie. Lediglich ein sehr geringer Teil der veralteten Möbel wird weiterverwendet.

In jedem Jahr finden einige zehntausend Jugendliche keinen Ausbildungs- oder Arbeitsplatz. 50 Prozent davon sind Hauptschulabgänger, 18 Prozent haben keinen Schulabschluss. Sie werden als krank, faul, dumm, unpünktlich und gesellschaftlich durchgefallen eingestuft. Mal abgesehen vom menschlichen Drama kann es sich keine Gesellschaft leisten, da zuzuschauen. In Zeiten krimineller Luftbuchungen und Finanzkrisen werden zuerst ungelernte und unflexible Arbeitnehmer entlassen. Daraus entsteht eine weitere wichtige Gruppe, die Langzeitarbeitslosen – immerhin 6,7 Millionen Menschen[7] derzeit.

Die Aufarbeitung gebrauchter Möbel hat eine Jahrtausende alte Tradition. Alte Schätzchen werden repariert, entlackt, auf Hochglanz gebracht und wieder verkauft. Ist das »recyclingtechnisch« evolutionär? Nein, denn erstens können Sie damit alleine in Zeiten durchgreifender »Geiz ist geil«-Ideologien kein Geld verdienen und zweitens regt es weder die Phantasie der Macher noch die der Kunden an. Immerhin – es ist besser als die Müllverbrennung! Gehen wir einmal davon aus, dass die finale Zerstörung von Möbelmüll, bei zugegeben gleichzeitiger Abgabe nutzbarer Kilojoule, evolutionstechnisch nicht der letzte Schrei sein sollte, dann muss es andere Möglichkeiten geben, die das Möbelrecycling innovativ gestalten lassen.

DIE IDEE

Wer interessant sein will, muss sich Überraschendes einfallen lassen. Der weibliche Evolutionsdruck kann uns Männer zu vordergründig unsinnigen Entwicklungen zwingen. Bestes Beispiel hierfür ist der Pfau, dessen Federrad den Sinn hat, die Weibchen während der Balz zu beeindrucken und ansonsten nur hinderlich ist.

Die Mutter aller Nachhaltigkeit: »Birkenstock-tragende Investment-Theresa«

Das Problem: Wenn wir den Ansprüchen nicht kreativ begegnen (so wie etwa der Pfau), sterben wir aus! Das gilt auch für nachhaltige Recyclingkonzepte. Was also sind überraschende, kreative und zukunftsweisende Möbel-Recycling-Ideen? Es sind sicher nachhaltige Lösungen gefragt – aber was heißt das? Stellen Sie sich bildlich vor, dass die »Ökonomie« durch einen smarten Investmentbanker vor seinem startbereiten Learjet charakterisiert wäre, dass die »Ökologie« durch Birkenstock-Sandalen und schließlich die »Soziologie« durch die wunderbare Mutter Theresa vertreten sei.

Mutter Theresa möge mir nachträglich verzeihen, aber die drei Säulen der Nachhaltigkeit sind meist widerstrebende Aspekte, die in der Praxis selten zu einfachen Ergebnissen führen.

Halten wir uns auch hier an Darwin – er meinte, nichts sei unmöglich! Bei Zweit-Sinn arbeiten Ökologen, Wirtschaftler, Designer, Künstler, Ingenieure, Sozialarbeiter, Informatiker und viele mehr an einer Vision: »Wir schaffen Arbeit und herausragende Produkte aus gebrauchten Rohstoffen!«

WIE SIEHT SOWAS AUS?

Aus dem Plattenmaterial alter Schränke machen wir komplette Café-Einrichtungen inkl. Tresen und Lampen. Aus Eisstielen, die als Ausschussware in der Produktion anfallen, stellen wir Lampen und Lichtobjekte her:
Die Leuchtobjekte in der Mitte sind etwa 180 cm hoch und werden – wie die anderen Eisstielprodukte auch – mit speziell gefertigten Werkzeugen in einer Werkstatt für Menschen mit Behinderung hergestellt. Aus dem Glas alter Fernsehbildröhren machen wir Schalen.

Entsorger im Netzwerk trennen die Bildröhren, Handwerker schneiden die Röhrengläser mit Wasserstrahltechnik und den letzten Schliff bekommen die Schalen in einer Werkstatt für Menschen mit Behinderung.

Schalen aus dem Glas alter Fernsehbildröhren

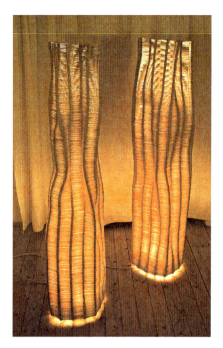 

An alte Schränke lassen wir Graffiti-Sprayer und erreichen mit diesen Produkten die Jugend:

Der Schrank in der Mitte heißt »Teufelchenschrank«. Wo Teufel sind, gibt es auch eine Hölle und zum Ausgleich bieten wir natürlich auch einen »Engelchenschrank« an!

Charles Darwin meinte: »Evolution ist, wenn sich Werte verändern.« Deshalb ist das schönste Kompliment für uns: »Ihr spinnt!«

Aus wenig nachgefragten 50er-Jahre-Schränken machen wir was:

Die Rohstoffquelle

Regalsystem »Frank«

Das »Wäschehaus« von Hundertwasser

… mit echten Keramikkacheln und Blattgold

Wir ziehen Möbel an, wie die Leopardenkommode oder den Bunnyschrank … (Fotos: Lutz Kampert)

… oder machen aus alten, viel zu kurzen Betten eine »Prinzessinnenbank« (Foto: Lutz Kampert)

Woher kommen die Ideen? Natürlich von Designern. Unsere Netzwerkpartner veranstalten jährlich einen inzwischen internationalen Recycling-Design-Wettbewerb mit stetig wachsender Resonanz und präsentieren die Gewinner z. B. in Museen, auf Messen und an vielen weiteren »ersten Orten«. Wir arbeiten eng mit der Kunsthochschule Kassel, der Detmolder Schule für Architektur und Innenarchitektur und der Akademie für Gestaltung im Handwerk, Münster zusammen. In Seminaren, Workshops und Vorlesungen bringen wir den Studierenden das Recyclingdesign nahe und werben für nachhaltige Produkte. Die Bundesstiftung Umwelt (DBU), Osnabrück hat das als zukunftsweisend erkannt und unterstützt uns dabei.[8]

Ganz wichtig für uns sind mehr als hundert Designentwürfe, die wir von Schülern jährlich bekommen. Auch hier gibt es mehrere Schüler-Design-Wettbewerbe, deren Ergebnisse wir an zentralen Orten zeigen.

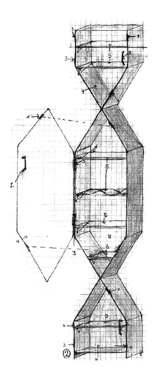

Das »DNA-Regal« (links Skizze, rechts: Umsetzung)

… Das »DNA-Regal« ist ein Beispiel dafür. Die Zeichnung war der Wettbewerbsbeitrag, eine Tischlerei im ZweitSinn-Netzwerk hat das Regal gebaut und als ersten Preis an die beiden Nachwuchsdesignerinnen übergeben. Modelle, Ideen und Gewinner präsentieren wir z. B. im MARTa-Museum in Herford oder in der Berswordthalle Dortmund. Zentrale Orte, in die Wettbewerbsteilnehmer Familie und Freunde mitbringen. Wer kann schon von sich behaupten, seine Werke im Museum oder im Haus der Bürgerdienste gezeigt zu haben?

Der »Muhsessel«, Skizze/Umsetzung

Der »Muhsessel« ist ein anderes Beispiel (der ZweitSinn-Polsterer hat sich geweigert, eine pinkfarbene Sitzfläche zu gestalten – Sie sehen: Designentwürfe brauchen manchmal eine gewisse Entwicklungszeit und viele Menschen reden mit!).

Dinge mit Seele bevölkern das Singleleben, Dinge mit Gesprächsgehalt unterhalten die Wahlgemeinschaft. Die Wohnung ersetzt die Briefmarkensammlung und das Fotoalbum und wird zur Schau- und Sammelstelle für persönliche Duftmarken. Möbel und Accessoires als Egoprothesen bieten Soziotainment auch für einsame Seelen. Unsere dingliche Umwelt entwickelt sich zum Persönlichkeitsviagra[9].
Die Wohnung wird zum dekorierten Heim für Transitpartnerschaften. Es gilt, offene kommunikationsfördernde Strukturen zu kreieren – und via Einrichtungsstil zu amüsieren und aufzufallen. Um genau zu sein, geht es nicht nur um die Unterhaltung willkommener Gäste, sondern um Feedback: Zeige mir, wie du wohnst – und ich sage dir, ob ich dich lieb haben kann. Die Küche rückt in den Mittelpunkt, gemeinsame Tätigkeiten in Herdfeuernähe feiern ihr fröhliches Comeback.

Da wir gerade von Darwin reden. Wie hat er gesagt? »Diejenigen Individuen setzen sich durch, die für die gerade herrschenden Umweltbedingungen am besten ausgestattet sind.«

Bleiben also z. B. folgende offene Fragen:
- Gibt es evolutionäre Modellprozesse, denen profaner Möbelmüll folgen könnte, um zu überleben?
- Was zeichnet Möbelspezies aus, die das Potenzial für ein zweites Leben haben?
- Ist gutes Recycling-Design beispielhafte Grundlage kollektiver Intelligenz, die zu nachhaltigen Prozessen führt?

Fangen wir mit der letzten Frage an: Intelligenz lässt sich ganz einfach definieren als die Fähigkeit, Probleme zu lösen. Ein System ist intelligenter als ein anderes, wenn es in einem bestimmten Zeitraum mehr Probleme lösen kann oder bessere Lösungen für ein Problem findet. Von kollektiver Intelligenz einer Gruppe darf dann gesprochen werden, wenn sie mehr oder bessere Lösungen findet als ihre einzelnen Individuen fänden, wenn sie allein arbeiteten. Alle Organisationen, egal, ob es sich dabei um Firmen, Institutionen oder Sportvereine handelt, werden in der Annahme gegründet, dass ihre Mitglieder zusammen mehr erreichen können als allein. Die meisten Organisationen besitzen jedoch eine hierarchische Struktur mit einem Individuum an der Spitze, das die Aktivitäten der Individuen der unteren Ebenen steuert. Obwohl kein Präsident, kein Vorstandsvorsitzender und kein General alle Aufgaben, die von Individuen in komplexen Organisationen erfüllt werden, überblicken, geschweige denn kontrollieren kann, darf man durchaus davon ausgehen, dass die Intelligenz einer von Menschen geführten Organisation in gewisser Weise eine Reflexion oder eine Verlängerung der Intelligenz ihres führenden hierarchischen Kopfes ist.
Werfen wir einen Blick auf den Ameisenstaat. Er ist ständig wechselnden Einflüssen unterworfen, auf die reagiert werden muss. Wenn sich plötzlich zusätzliche Nahrungsquellen auftun, werden mehr Einsammler gebraucht, und wenn der Bau beschädigt wird, ist eine schnelle Ausbesserung vonnöten. Dafür werden bestimmten Arbeitern je nach Situation und sich plötzlich ergebenden Problemen bestimmte Aufgaben übertragen. Diese Zuweisung von Aufgaben ist ein Prozess ständiger Anpassung, der ohne jede zentrale oder hierarchische Kontrolle abläuft. Der Begriff »Ameisenkönigin« erinnert uns zwar automatisch sofort an menschliche Herrschaftssysteme, eine Ameisenkönigin ist aber keine »Autoritätsperson«. Sie legt Eier und wird von den Arbeiterinnen gehegt und gepflegt.

Aber sie entscheidet nicht, was eine Arbeiterin tun oder lassen soll. In den Staaten der Ernteameisen wird die Königin durch Tunnel, Kammern und Tausende von patrouillierenden Ameisen von den übrigen Ameisen abgeschirmt. Diejenigen Ameisen, die außerhalb des Baus arbeiten, haben nur zu den Kammern an der Oberfläche des Baus Zutritt. Die Königin wäre rein physisch gar nicht in der Lage, auf sie einzuwirken. In den USA ist der Handel mit ganzen Ameisenstaaten legal. Verboten ist aber, Königinnen (die bis zu über 20 Jahre leben können) mit zu verkaufen. Trotzdem funktionieren diese Staaten auf harmonische Art und Weise. Sie errichten einen Bau, bauen Brücken, sammeln Nahrung und verteidigen ihren Staat gegen Eindringlinge. Dies alles tun sie ohne das Zutun einer Königin. Das Fehlen einer zentralen Autorität mag uns merkwürdig vorkommen, da wir in vielen Bereichen der Gesellschaft an hierarchisch strukturierte soziale Gruppen gewöhnt sind: in Universitäten, Unternehmen, Regierungen, beim Militär usw.

Die einzelnen Individuen vollbringen in ihrer Gesamtheit jedoch kognitive Leistungen, die die Fähigkeiten jedes Einzeltiers weit übersteigen. Doch eine hierarchisch oberste Instanz, ein zentraler Organisator, ist nirgends erkennbar. Wir Menschen glauben, dass es in jedem Unternehmen jemanden geben muss, der alle finalen Entscheidungen treffen kann. Auch mit objektiv mehr Gehirnzellen zeigt die Realität, dass dies nur zu ungerechtfertigt hohen Gagen der vermeintlichen Entscheider führt und die Menschheit ab und an durch überforderte Individuen an den Rand des kollektiven Ruins geführt wird. Die »Seele« des Ameisenstaats ist dezentralisiert als kollektive Intelligenz über die Gesamtheit der Gruppenmitglieder verteilt. Damit das klar ist: Es liegt mir fern, aus Menschen Ameisen machen zu wollen, aber die Frage »Was können wir von deren Netzwerkstrukturen lernen?« muss erlaubt sein.

Der globale Erfolg der Menschheit beruht auf Kooperation, Kommunikation und Arbeitsteilung. Das ist übrigens bei Ameisen oder Bienen nicht anders! Wenn wir unter »Evolution« die Entwicklung menschlicher Kultur und Gesellschaft verstehen, ist der Blickwinkel entscheidend:

Sind innovative Produkte solche, die maximalen Gewinn abwerfen oder solche, die möglichst viel Arbeit machen und die Umwelt schonen?

Die Realität sieht heute so aus:

- Aus Darwins »Survival of the fittest« ist »Survival of the trickiest« geworden.

- Er war der Meinung: »Im Fortschritt der Geschichte nimmt die Phantasie ab und das Denken zu«. Die Entwicklung lief umgekehrt: Dort, wo zu wenig gedacht wurde, flüchtete man in die Fantasie.

Welche Eigenschaften zeichnen also ZweitSinn–Möbel aus, damit sie als innovativ den Markt durchdringen?

Rohstoffe zum »Nulltarif«: Wir gewinnen Rohstoffe durch die Dienstleistung »Wohnungsauflösung«. Bis auf wenige historische Stücke erfolgt keine Vergütung. Diese Dienstleistung ist immer lokal, d.h., wir gewinnen Rohstoffe mit minimalem Logistikaufwand.
Schaffung lokaler Arbeitsplätze: Wir agieren lokal, d.h., wichtiger Partner ist das lokale Handwerk, das von uns Produktionsaufträge bekommt oder spez. Dienstleistungen erbringt (z. B. das Schneiden von Recyclingglas mit Wasserstrahlschneidgerät oder die Bearbeitung von Holzwerkstoffplatten mit CNC-Maschinen).
Schaffung sinnvoller Arbeit: Wir schaffen Arbeit, keine Boni, keine Tantieme. Erlöstes Geld wird für Investitionen wieder eingesetzt. »Sinnvolle« Arbeit ist für uns Arbeit mit einem individuellen Kreativanteil. Sie soll das Selbstbewusstsein stärken und nicht überfordern. Mit den Menschen, denen die Gesellschaft das am wenigsten zutraut, arbeiten wir: benachteiligte Jugendliche, Langzeitarbeitslose und Menschen mit Behinderung.
Nutzung moderner Vertriebswege: Wir vermarkten überregional über das Internet, lokal über Kaufhäuser, Läden und Galerien. Durch ein wachsendes Netz an Produktionspartnern versuchen wir, die Distributionslogistik zu minimieren.
Entwicklung einer Netzwerkstruktur und -kultur: Wir »versuchen«, mit Schwarmintelligenz zu agieren, allerdings sind uns Ameisen und anderes Getier noch weit voraus!
Hochwertiges Design und kreative Produktideen: Überraschende Designideen und das Spiel mit dem gebrauchten Charakter – der Geschichte des Materials – sind Eigenschaften, die ZweitSinn von allen anderen Möbelherstellern abheben. ZweitSinn-Produkte sind individuell, erzählen eine Geschichte und markieren den Besitzer als »ungewöhnlich«, was dem Ego der Seele schmeichelt.
Eindeutige Gewinn- und Provisionsstrukturen: 100 % Nettoverkaufspreis, 10 % an den Netzwerkknoten (Geschäftsführung, Angestellte, Marketing, Netzwerkorganisation, Internet …), 3 % an Designer. D. h. 87 % verbleiben beim Hersteller.
Abfallvermeidung (Minderung gesellschaftlicher Kosten): Wenn weniger Abfall anfällt, können die Abfallgebühren gesenkt werden.

Schadstoffe kontrollieren und mindern (Schwermetalle, Formaldehyd, CO_2): Schadstoffe in Altmöbeln sind z.B. Schwermetalle und Formaldehyd. Schwermetalle finden wir in vielen älteren Farben, weshalb wir diese entfernen. Bei historischen Stücken (z.B. Bauernmalereien) machen wir das natürlich nicht. Wichtig ist: Der Kunde ist informiert und unsere Aufarbeitungsmethode führt zu einer Entfrachtung der gebrauchten Rohstoffe.

Formaldehyd ist z.B. im Kleber in Holzwerkstoffen (z.B. Spanplatten) enthalten. Bisher haben Tests über 100 Euro gekostet, weshalb wir ein Schnelltestverfahren entwickelt haben, mit dem die Tischler im Netzwerk schnell und kostengünstig nachweisen können, ob der Rohstoff belastet ist oder nicht.

Jeder neue Rohstoff wird von uns zunächst bewertet und dann verarbeitet. Ein klassisches Beispiel sind Fernsehbildröhren, deren hinteres Röhrenteil voll mit Schadstoffen ist. Wird das Frontglas professionell getrennt, was Aufgabe jedes Entsorgers ist, der sich um Elektronikschrott kümmert, kann man selbiges mit einigen Aufarbeitungsvorgaben guten Gewissens weiterverarbeiten und als schadstoffarmes Produkt anbieten.

Und schließlich muss man wissen, mit welchen Schadstoffen man eventuell in der Aufarbeitung selbst (z.B. in Farben, Beizen) umgeht. Damit hier weder unsere Mitarbeiter noch die Kunden Bedenken haben müssen, haben wir alle Aufarbeitungsprodukte (derzeit ca. 500 Markenprodukte, die von den Partnern genutzt werden) geprüft und eine Positivliste erstellt, die für Partner verbindlich ist.

Die Wiederverwendung weggeworfener Dinge verringert nicht nur die Abfallmengen, sondern unterstützt die Bemühungen zur Reduktion von CO_2-Emissionen und trägt so dazu bei, die Einflüsse auf das Klima zu reduzieren. Für jedes Kilogramm wiederverwendetes Altholz kann die entsprechende Menge an Neuprodukten eingespart werden. So wird z.B. bei der Produktion von einem Kilogramm neuer Spanplatte 260 Gramm CO_2 erzeugt. Durch den Kauf eines Möbels, das z.B. 15 Kilogramm wiegt und aus gebrauchten Spanplatten besteht, werden – gegenüber dem Neukauf eines entsprechenden Möbels – 3,9 Kilogramm CO_2 eingespart. Das kommunizieren wir genauso selbstverständlich, wie der Autohersteller mit dem geringen CO_2-Ausstoß pro km für seinen Mittelklassewagen wirbt. Sicher gibt es nur wenige Kunden, die das Möbel aus diesem Grund kaufen – aber jeder Kunde verlässt das Gebrauchtmöbelkaufhaus mit dem Gefühl, »so nebenbei« auch noch was Gutes getan zu haben. Kaufentscheidend ist (fast) immer das Design.

Wie alle Netzwerke ist auch das ZweitSinn–Netzwerk kein Ideal. Bei uns gibt es Fehler und Probleme, die wir hier nicht verschweigen möchten:

- Netzwerken ist sehr zeitaufwendig! Viel Energie fließt alleine in Vermittlung, in Identifikation, in Schulung, in Akquisition.
- Bei allen Netzwerkpartnern gibt es (neudeutsch) ein oder mehrere CEOs, die an der einen oder anderen Stelle das Gefühl haben, man würde ihnen die Butter vom Brot nehmen.
- Unsere Kollegen haben oft komplizierteste Biografien. In vielen Qualifizierungsmaßnahmen sind wir froh, wenn sie nüchtern, ohne Drogen und einigermaßen pünktlich zur Arbeit erscheinen.
- Es fehlt oft die gesellschaftliche Akzeptanz. Obwohl wir (also z. B. Sie und ich) alle Sozialabgaben zahlen, haben wir nur bedingt Verständnis dafür, dass diese auch zu sozialen Zwecken (z. B. Schulung, Qualifizierung, Wiedereingliederung) genutzt werden (Hängematte, marktverfälschend …). Die Effekte sind nicht so einfach wie Gewinne zu vermitteln und wenn es uns gelingt, ¼ der »Qualifizierungsmaßnahmen« in den ersten Arbeitsmarkt zu bringen, sind wir mächtig stolz. D.h. aber auch, dass ¾ (bis zur nächsten Qualifizierung) auf der Strecke bleiben.

Was ist der schönste Moment im Netzwerk?

- Wenn z. B. ein Langzeitarbeitsloser sein erstes ZweitSinn-Möbelstück gefertigt hat und dieses im Kaufhaus einen Interessenten findet, sollten Sie dabei sein, wenn er das erfährt. Nach einer oft langjährigen Ablehnungsodyssee ist das ein Moment der Gefühle, denn es hat sich jemand für seine Arbeit interessiert und war sogar so überzeugt davon, dass der auch noch Geld dafür auf den Tisch gelegt hat!

Manchmal lohnen sich umfangreiche und komplexe Hochschulprojekte für kleine Momente – und die müssen noch nicht mal innovativ sein!

Hier eine Auswahl der Partner, die in den Projekten mitgearbeitet haben oder noch mitarbeiten:

- Institut für Umweltforschung (INFU), TU Dortmund, (Koordination)
- Fakultät Raumplanung, Fachgebiet Raumwirtschaftspolitik (RWP), TU Dortmund
- Lehrstuhl für Marketing, TU Dortmund
- Fraunhofer-Institut für Materialfluss und Logistik, Bereich Logistik, Verkehr, Umwelt, Dortmund

- Lehrgebiet Möbel- und Produktentwicklung, Detmolder Schule für Architektur und Innenarchitektur
- Akademie Gestaltung, Handwerkskammer Bildungszentrum HBZ in Münster
- Kunsthochschule Kassel, Lehrstuhl Industriedesign
- Werkhof Hagen GmbH
- RecyclingBörse! Herford
- Werkstatt Frankfurt (Neufundland)
- Markthaus Recycling Kaufhaus Mannheim
- ALF, Arbeitslosenförderungsgesellschaft Augsburg
- Entsorgung Dortmund GmbH (EDG)
- HAZ Arbeit + Zukunft, Hattingen
- CJD Dortmund im Christlichen Jugenddorfwerk Deutschland e.V., Dortmund
- versch. Handwerksbetriebe

Vielen Dank!

1 Müller-Prothmann, T.; Dörr, N.: Innovationsmanagement. Strategien, Methoden und Werkzeuge für systematische Innovationsprozesse. Hanser, München 2009, ISBN 978-3446417991
2 »Wiederverwendung von Möbeln als Beispiel der regionalen Kreislaufwirtschaft – Kreislaufwirtschaft aufgemöbelt«, BMBF-Projekt, Kurztitel: »ecomoebel«
3 ecomoebel GmbH, Dortmund
4 www.zweitsinn.de
5 Soziotainment – Das Kunstwort aus Sozial und Entertainment spielt auf eine Serviceleistung an, die durch Vereinsamung und Entfremdung hervorgerufen wird. (Quelle: Die Welt Online vom 26.03.2003); Die Zukunft der modernen Markenführung ist das »Soziotainment«, wo Soziales und Entertainment durch die Marke verbunden wird. Das ist der Fall, wenn z.B. Red Bull zu seinen legendären Events mit selbstgebastelten Fluggeräten einlädt. Die Marke organisiert die Freizeit ihrer Kunden und hilft ihnen dabei, soziale Beziehungen zu knüpfen.«, Andreas Steinle, Trendbüro
6 Peter Wippermann, Trendbüro; Trendstudie Stilwerk, 2002
7 Die ZEIT vom 9.12.2009: »Reform der Jobcenter – An den Bedürfnissen der Langzeitarbeitslosen vorbei«
8 Deutsche Bundesstiftung Umwelt (DBU): Ressourcenschonung und nachhaltiger Konsum: »Nachhaltige Einrichtungs-Visionen aus gebrauchten Materialien zur Stärkung von KMU und zur Qualifizierung benachteiligter Jugendlicher und Langzeitarbeitsloser«
9 P. Wippermann, Trendbüro Hamburg, 2008

KUNST FÖRDERT WIRTSCHAFT

Ursula Bertram

»Creativity is going to be the most important economic driver of the future.«
(Edward de Bono)

»Kunst fördert Wirtschaft« ist Thema des interdisziplinären Symposiums' am 21. und 22. November 2010 in Dortmund, veranstaltet von der [ID]factory der TU Dortmund, des BFI Mainz, in Kooperation mit der DASA, Dortmund. Im Mittelpunkt steht die Frage des Transfers künstlerischer Denkprozesse und Methoden in außerkünstlerische Felder als Motor wissenschaftlicher und wirtschaftlicher Prozesse bzw. als elementare Bestandteile von Innovationskompetenz. Ziel ist der initiale Diskurs einer neuen Betrachtungsweise der kontrovers eingeschätzten Abhängigkeit bzw. Synergie von Kunst, Wissenschaft und Wirtschaft.

Das Thema wird interdisziplinär diskutiert mit Workshops, Open Spaces und Vorträgen renommierter Wissenschaftler, Künstler und Querdenker, die Innovationsprozesse aus einer neuen Perspektive schildern, entwickeln oder betrachten.

FORSCHUNGSLABOR [ID]FACTORY AN DER TU DORTMUND

Die [ID]factory des Zentrums für Kunsttransfer der TU Dortmund versteht sich als Forschungslabor, das untersucht und erprobt, inwieweit non-lineare Prozesse, respektive künstlerisches Denken verantwortlich sind für nachhaltig erfolgreiche Leistungsprozesse, für wissenschaftliche Erkenntnisgewinnung und wirtschaftliche Entwicklung.

Die [ID]factory betreibt radikale Grundlagenforschung, die auf folgenden Thesen beruht:

Unsere Zeit ist non-linear. Analoge Techniken werden von vernetzten Prozessen abgelöst. Nicht ein Hintereinander, sondern ein Neben-, Über- und Ineinander sind die Problemlösungsmethoden von morgen. Komplexität, Vernetzung, Prozessorientierung und Authentizität rücken in den Fokus. In keinem anderen Gebiet lässt sich das Querdenken als Innovationskompetenz so gut beobachten und erfahren wie in non-linearen, künstlerischen Prozessen.

Die Frage des kreativen Denkens und Handelns als künstlerischer Prozess steht im Raum: Wie entsteht Innovation und welche Rolle spielt dabei die »Kunst«? Worin unterscheidet sich wissenschaftliches und künstlerisches Denken? Welche Prozesse und Methoden sind charakteristisch für non-lineares Denken? Und wie lassen sich künstlerische Prozesse in außerkünstlerische Bereiche transferieren?

STAND DER DINGE: KÜNSTLERISCHE PROZESSE IN WISSENSCHAFT UND WIRTSCHAFT

Der Diskurs zu diesem Thema ist aktuell spürbar. Das Ruhrgebiet hat mit dem Konzept »Creative Economy« den Wettbewerb zur Kulturhauptstadt 2010 gewonnen. Allein: Creative Economy wird so verstanden, dass die Kreativen sich wirtschaftliche Strategien Kompetenz erweiternd aneignen, damit diese die Kunst zu Kapital überführen mögen. Auf diese Weise profitieren die Künstler und Kreativen von bisher wesensfremden Strategien, die sie der Wirtschaft und dem Management entnehmen. (Fortbildungsseminare des »Kulturbüros« zum Thema in Rheinland-Pfalz seit 2002, in Dortmund durch das Kultur-Unternehmen Dortmund[2])

Die Wirtschaft wiederum nutzt vermehrt kreative Kompetenzen für die Optimierung ihrer Produkte, vor allem im Designbereich. Das ist in beiden Fällen zunächst nichts Neues.

In der Wirtschaft schließen sich Unternehmen zu großen Forschungsgruppen zusammen. Wie u.a. in der Operation »Connect Creativity« von future bizz[3], um mit künstlerischer Kompetenz des Hochschulnachwuchses zukunftsstarke Produkte zu entwickeln. Hier arbeiten zwar Designer, Architekten und Produktdesigner erfolgreich interdisziplinär zusammen, um die Welt von morgen zu entwerfen, letztlich jedoch mit dem Ziel, die Produkte der Zukunft rechtzeitig in den Produktionsprozess zu führen. Die Nutzung kreativer Kompetenz für die Produkterstellung ist seit dem Bauhaus (1919) kein Novum, lediglich die geballte Kraft vernetzter Strukturen bedeutender Firmen und des kreativen (Hochschul-)Nachwuchses. Die hier angeführte Gemeinsamkeit der Ansätze der Ökonomen und der Künstler liegt darin, dass im Zentrum des Interesses das eigene Produkt steht und nicht der Austausch der Prozesse, die dazu führen. Jeder arbeitet bzw. lässt für das eigene Lager arbeiten, um am Ende das eigene Feld zu bestellen, also Kunstwerke oder Gebrauchsgüter zu produzieren.

Der [ID]factory geht es nicht um die Entwicklung von Produkten, sondern um die Entwicklung und den Transfer von Prozessen: der Prozess des Erfindens, nicht der Erfindung. Prozesse lassen sich übertragen, so auch künstlerische Prozesse auf die Felder der Wissenschaft und der Wirtschaft. Der Prozess des »künstlerischen Denkens« ist bisher wenig erforscht, obgleich unbestritten für Erfindungen, bzw. Innovationen dieser Prozess notwendig ist. Auf der materiellen Ebene fanden Kreativtechniken Anwendung, die jedoch keinen Transfer implizieren. Mariott Stollheimer[4] entwickelt den Transfer als Erfahrungsimpuls für kulturelle Bildung. Publikationen, wie »Kreativität und Kapital«[5] von Doris Rothauer weisen auf die Fragestellung hin, ohne jedoch eine lebbare Transdisziplinarität herzustellen.

DIE NEUE FRAGESTELLUNG/THESE

1. An bedeutenden wissenschaftlichen Erkenntnissen sind immer künstlerisches Denken und non-lineare Prozesse beteiligt.

2. Künstlerisches Denken ist erfahrbar und in außerkünstlerische Felder transferierbar.

3. Die Betrachtung von künstlerischem Denken als Excenter wissenschaftlicher Innovationsprozesse ist in sich ein Paradigmenwechsel im Denken von Wissenschaft.

Künstlerisches Denken ist ein ganzheitlicher Prozess, der sich dem wissenschaftlich-analytischen Denken entzieht. Künstlerisches Denken subsumiert Forschungen, in denen es auch oder sogar insbesondere um Intuition und Zufall, Loslassen und Wegdenken geht, also nur schwerlich objektivierbare und personenunabhängige Faktoren. Auf der anderen Seite bedingt wissenschaftlicher Fortschritt immer das Verlassen gewohnter Denkweisen, beinhaltet das Überschreiten von Grenzen, um daraus eine neue Sichtweise der Zusammenhänge zu gewinnen. Dies gilt als Prinzip nicht nur für alle großen Erfindungen der Menschheit, sondern für jeden wissenschaftlichen Fortschritt. Es handelt sich um den Moment einer intuitiven, andersartigen Idee, eines Einfalls, der keinen wissenschaftlichen Prozess darstellt. Der Moment, wo etwas non-lineares passiert, das die bisherigen überprüfbaren, falsifizierbaren und objektiven Erkenntnisse auf den Kopf stellt. Der Moment des Wegdenkens, des Leichtwerdens im Sinne von Ballast abwerfen, auch der eigenen Theorien: Über das eigene Wissen hinaus denken, unscharf werden und anders sehen. Dieser Prozess ist nicht mit wissenschaftlichem Denken zu erklären, sondern ist ein Prozess des künstlerischen Denkens, der u. a. in der Wissenschaft stattfindet.

Der Moment des grenzüberschreitenden Denkens ist im wissenschaftlichen Regelwerk bisher nur wenig erfasst und bleibt ungefördert, da dieser sich naturgemäß im außerwissenschaftlichen Bereich abspielt. Dieser Prozess ist nachweislich lehrbar. Eine Ausbildung solcher überfachlicher Innovationskompetenzen wurde in den Seminaren der [ID]factory der TU Dortmund und ihrem Vorläufer, der Denkwerkstatt seit 2003 erprobt, evaluiert und methodisch verankert. Die Seminare und Vorlesungen sind offen für alle Fachbereiche, sodass Studierende des Maschinenbaus, der Informatik, der Kunst, der Raumplanung, der Soziologie, der Theologie, der Mathematik, um nur einige zu nennen, in einem Kurs miteinander Lernprozesse entwickeln und erfahren. Das Konzept wird inzwischen von verschiedenen Universitäten des Ruhrgebiets und darüber hinaus wahrgenommen.

Die Zusammenführung und der Vergleich solcher mit Non-Linearität zu bezeichnender Prozesse ist auch Ziel des Symposiums, wie z. B. das »5-Sekunden-Modell« für Manager der Deutschen Kammerphilharmonie Bremen mit Jean-Claude Leclère und Albert Schmitt[6]. Diskurse und Abhandlungen ähnlicher Überlegungen tauchen in allen Disziplinen auf. Die Bildungswissenschaften untersuchen Kreativität und Motivation in verschiedenen Lerntheorien. Die Philosophie, wie zum Beispiel bei Karl Popper spricht von der »Welt der Ideen«. Die Neurologie entdeckt emotionale Zentren, die erst Wissen verankern. Publikationen wie »Kunst-Transfer-Wirtschaft« von Klaus Heid und Rüdiger John oder die Einrichtung eines Lehrstuhls für »Kulturbetriebslehre und Kunstforschung« von Prof. Dr. Tröndle[7] zeugen davon, dass die künstlerischen Methoden im Fokus sind, wenngleich noch immer sehr unscharf. Möglicherweise liegt die Wahrheit in eben dieser (Heisenbergschen) Unschärfe, die im »Visual Thinking«[8] begründet ist.

ZUSAMMENFASSUNG

Die Fokussierung des »Produktes« in der Wirtschaft und in der Kunst hat den Blick auf den Prozess immer wieder verstellt und im Ergebnis auf das eigene Terrain verwiesen. Der Transfer zwischen den Disziplinen und die Ergänzung wissenschaftlichen Denkens durch künstlerisches Denken bietet eine neue Perspektive der Heranbildung und Ausbildung von Kompetenzen, die ein Exzenter wissenschaftlicher Forschung bedeuten kann und somit zu einer ungleich höheren Innovationsfähigkeit führt. Dies wird im Ergebnis für unser Wirtschaftssystem der Zukunft von großer Bedeutung sein.

Die Zusammenführung von Künstlern, Wissenschaftlern und Wirtschaftsexperten soll die relevante Rolle von non-linearen Denkprozessen und Methoden in Erkenntnisprozessen identifizieren, eine nachhaltige Verankerung in Lehre und Praxis anstoßen und eine zukünftige Zusammenarbeit der Experten verschiedener Disziplinen zum Thema ermöglichen.
Dies ist zentrales Anliegen des Symposiums »Kunst fördert Wirtschaft« und der Querdenkerfabrik [ID]factory des Zentrums für Kunsttransfers. Wir brauchen einen Ort, der übersprachlich funktioniert, der kreatives Denken und Handeln zulässt, ohne dass dieses in der Kunst gefangen gehalten wird. Ein überfachlicher Ort, der ohne das Handlungskonzept von richtig oder falsch auskommt, an dem persönliche Kompetenzen und Stärken ausgebildet werden. Eine Freiluftzone, um in eigener Verantwortung Erfahrungen zu machen, die nicht durch Wissen generiert werden, sondern die Wissen erzeugen.

1 Siehe hierzu www.id-factory.de
2 www.kultur-unternehmen-dortmund.de
3 www.futurebizz.de
4 Mariott Stollsteiner, Das A.R.T.-Prinzip, Vom Nutzen der Kunst im Unternehmen, Gabler 2008
5 Doris Rothauer, Kreativität & Kapital. Kunst und Wirtschaft im Umbruch, WUV Verlag Wien 2005
6 www.5-sekunden-modell.de
7 Klaus Heid, Ruediger John, TRANSFER: Kunst Wirtschaft Wissenschaft, Baden-Baden: [sic!] – Verlag für kritische Ästhetik, 2003
8 www./www.zeppelin-university.de
9 Werner Preißing, Visual Thinking, Haufe Verlag München, 1. Auflage 2008

KREATIVITÄT UND INNOVATION IN DER KUNSTGESCHICHTE

Nils Büttner

Bevor es im Folgenden um die im Titel angekündigte Frage nach der Kreativität und dem innovativen Potenzial der Kunstgeschichte gehen kann, gilt es zuerst einmal zu klären, was Kunstgeschichte eigentlich ist. Ausgangspunkt meiner Überlegungen zu dieser Frage sind begriffliche Unschärfen, denen ich als Kunsthistoriker in der Künstlerausbildung immer wieder begegnet bin. Dazu gehört an erster Stelle die von Studierenden rhetorisch stets gern gebrauchte Gleichsetzung von Kunstgeschichte und historischer Kunst, die mich zutiefst irritiert. Die überlieferten Werke von Malern, Bildhauern und Architekten sind nämlich nach meiner Auffassung historische Monumente, die auch in ihrer Summe nicht zu Kunstgeschichte werden. Kunstgeschichte sind nicht die historischen Objekte, sondern die geschichtswissenschaftlich motivierten Versuche, diese Gegenstände in Sinngefüge einzuordnen. Dazu hat die Kunstgeschichte, die seit dem beginnenden 19. Jahrhundert als akademische Disziplin etabliert ist, ein breites Spektrum von Methoden entwickelt, die genau wie die damals beginnende Fachgeschichte mit dem Begriff Kunstgeschichte zutreffend beschrieben und benannt werden.

Man mag die Verwendung der Fachbezeichnung Kunstgeschichte als Begriff für die Summe der historischen Kunstwerke als einen durch steten Gebrauch eingeschliffenen Lapsus auffassen. Ich bin allerdings in den Jahren meiner Tätigkeit zu der Einschätzung gelangt, dass dieses Missverständnis tiefer greift. Denn ich musste nicht selten erleben, dass die von mir vertretene Kunstgeschichte zumal von Studierenden beiläufig als »Theorie« bezeichnet und von jenen Studienanteilen unterschieden wurde, die dann »Praxis« heißen. Ich will hier nicht davon reden, wie wenig nach meiner Auffassung der Begriff der Praxis geeignet ist, die

komplexen Anforderungen künstlerischen Arbeitens zu charakterisieren, und auch nicht davon, wie wenig der Begriff Theorie geeignet ist, die alltägliche Praxis meines wissenschaftlichen Arbeitens zu beschreiben, zu dem zum Beispiel auch performative Prozesse gehören, wie das Halten von Vorträgen. Auch dieser Text war einmal ein Vortrag. Und wer den damals erlebte, der nahm weit mehr wahr als die bloße Aneinanderreihung von Wörtern. Wer einen Vortrag erlebt, der wird – ganz unabhängig von den Inhalten der Rede – Zeuge eines performativen Aktes. Vorträge sind eine als solche zu wenig beachtete Form der Life-Performance, die Bazon Brock treffend als Schaudenken beschrieben hat.[1] Ich will damit nicht für mich in Anspruch nehmen, Künstler zu sein. Ich bin Kunsthistoriker und das ist auch gut so. Allerdings will ich durchaus behaupten und damit langsam zum eigentlichen Thema vorstoßen, dass kunsthistorisches Arbeiten durchaus als kreativer Prozess zu begreifen ist, an dessen Ende innovative Ergebnisse stehen. Mit dieser Behauptung habe ich Studierende der künstlerischen Studiengänge verschiedentlich in nicht geringes Erstaunen versetzt. Denn tatsächlich scheint der Begriff Kreativität im alltagssprachlichen Miteinander einer Kunsthochschule eher an das Begriffsfeld der »Praxis« gebunden. Wie gesagt, hat sich im Kontext der Künstlerausbildung die mir zutiefst befremdliche Unterscheidung zwischen einerseits »Künstlern« und »Praktikern« etabliert, also den »Kreativen« auf der einen Seite und den als grundsätzlich anders wahrgenommenen »Wissenschaftlern« auf der anderen. Ob es wirklich keine Kunst ist, Wissenschaft zu praktizieren, sei einmal dahingestellt. Zu dieser Frage haben Studierende, die gerade ihre Examensprüfung in Kunstgeschichte vorbereiten, sicher Interessantes beizutragen. Aber darum soll es hier nicht gehen. Mir geht es darum, zu zeigen, weshalb ich gute Gründe zu haben meine, Kunstgeschichte als kreativen Prozess zu beschreiben. Um das zu illustrieren, sei an dieser Stelle kursorisch vorgeführt, wie ein Buch entsteht, zum Beispiel die »Geschichte der Landschaftsmalerei«.[2] Dieses Buch ist von Rezensenten durchaus als kunstwissenschaftliches Buch wahrgenommen worden.[3] Doch was ist daran kreativ?
Der kreative Prozess beginnt schon in der ersten Phase des Entstehens mit der Auswahl der Bilder. Man sitzt da und fragt sich, was man zeigen soll, wenn es um die Geschichte der Landschaftsmalerei gehen soll.

Emil Nolde darf nicht fehlen …
und Monet …
van Gogh natürlich …
und wenn man bis an die Gegenwart heranführt zum Beispiel Gerhard Richter …
man müsste berühmte Gegenden zeigen, … Italien … Holland …

und Jahreszeitenbilder, zum Beispiel die Bruegels …
etwas Mittelalterliches darf nicht fehlen, van Eyck …
und wenn man in der Antike anfängt, etwas aus Pompeji.
Ist das jetzt kreativ?

Diese Auswahl ist fraglos ein kreativer Prozess. Die besonders hartnäckigen Vertreter der These, dass Kunstgeschichte »Wissenschaft« sei und kein kreativer Prozess könnten nun einwenden, dass so gesehen auch die turnusmäßig fällige Auswahl von Socken oder Unterhosen aus der Wäscheschublade ein kreativer Prozess sei und man die Anwendung dieses Begriffes zu dessen inhaltlich sachlicher Schonung doch bitte nicht überstrapazieren solle. Das ist richtig, doch geht es mir hier auch nicht um die Auswahl, sondern vielmehr um das sich in der Auswahl ausdrückende Bild von Geschichte. Und schon wieder höre ich den Einwand: ja, gerade weil es um Geschichte gehe, bleibe doch für Kreativität wenig Platz, weniger noch als vor der Sockenschublade, weil es sich bei den Ereignissen der Geschichte schließlich um Fakten handele, könnten an dieser Stelle die Verfechter eines unkreativen Begriffes von Wissenschaft einwenden. Diese Grundannahme ist alt und kann sich auf eine lange Tradition berufen, die bis in die Kultur des klassischen Griechenlands zurückreicht.
Am Beginn der europäischen Geschichtsschreibung steht im 5. vorchristlichen Jahrhundert Herodot. Er nannte sein Geschichtswerk »Histories apodexis«, zu Deutsch: »Darlegung der Erkundungen«. Gleich in der Einleitung dieses Werkes erwähnt er immer wieder sein mündliches Forschen und Fragen als zentrales Instrument für die Gewinnung historischer Erkenntnis. Tatsächlich hat schon das griechische Wort »historia« die Grundbedeutung »Erkundung« und hängt mit »histor« zusammen, was soviel wie »Zeuge« oder »Kundiger« bedeutet. Das Ziel seiner Untersuchung formulierte Herodot in einem Proömium, einem Vorwort, das er seiner Abhandlung vorausschickte: »Herodotus von Halikarnassos gibt hier eine Darlegung seiner Forschungen, damit bei der Nachwelt nicht in Vergessenheit gerate, was unter Menschen einst geschehen ist; auch soll das Andenken an große und wunderbare Taten nicht erlöschen, die die Hellenen und die Barbaren getan haben, besonders aber soll man die Ursachen wissen, weshalb sie gegeneinander Kriege führten. … So erzählen die Perser und so die Phoiniker. Ich selber will nicht entscheiden, ob es so oder anders gewesen ist.«[4] Was Herodot erzählt, ist nicht allein die Geschichte der Menschen, sondern auch die der Götter, die menschliche Geschicke lenkend unmittelbar auf den Lauf der Geschichte Einfluss nehmen. Untrennbar ist in Herodots Werk Historisches mit Mythologischem verwoben, sodass Cicero später über Herodot schreiben sollte, »patrem

historiae, sunt innumerabiles fabulae«. Der lateinische Rhetor bezeichnete Herodot als »Vater der Geschichtsschreibung, der unzählige Märchen« erzählt habe.[5] Ein Jahrhundert nach Herodot vermied Thukydides den Begriff der Geschichte, dessen Bedeutung sich damals schon von der Tätigkeit des Erkundens auf deren Ergebnis verschoben hatte. Seit Aristoteles ist die Geschichtsschreibung ein fester literarischer Begriff.[6] Und dieser konnte, Aristoteles folgend, deutlich von der Poesie unterschieden werden. Dabei traf der Philosoph um das Jahr 384 v. Chr. eine auf den ersten Blick einleuchtende Unterscheidung: »Aus dem Gesagten ergibt sich auch, daß es nicht Aufgabe des Dichters ist mitzuteilen, was wirklich geschehen ist, sondern vielmehr, was geschehen könnte, d. h. das nach den Regeln der Wahrscheinlichkeit oder Notwendigkeit Mögliche. Denn der Geschichtsschreiber und der Dichter unterscheiden sich nicht dadurch voneinander, daß sich der eine in Versen und der andere in Prosa mitteilt – man könnte ja auch das Werk Herodots in Verse kleiden, und es wäre in Versen um nichts weniger ein Geschichtswerk als ohne Verse –; sie unterscheiden sich vielmehr dadurch, dass der eine das wirklich Geschehene mitteilt, der andere, was geschehen könnte. Daher ist Dichtung etwas Philosophischeres und Ernsthafteres als Geschichtsschreibung; denn die Dichtung teilt mehr das Allgemeine, die Geschichtsschreibung hingegen das Besondere mit.«[7] Für Aristoteles lag der zentrale Unterschied zwischen Dichtung und Geschichtsschreibung darin, dass letztere ganz bestimmte Zusammenhänge so darstellte, wie sie wirklich waren. Aber wie war es denn wirklich?

Wer Antwort auf diese Frage sucht, begibt sich auf einen Erkenntnisweg, der das Ziel in sich begreift. Wie Max Weber 1904 gezeigt hat, ist der Gegenstand historischer Erkenntnis dieser nämlich nicht vorgängig, sondern – im Gegenteil – erst ein Ergebnis des forschenden Interesses.[8] Historisches Geschehen wird erst durch seine Erforschung und systematische Ordnung zu dem, als was es später erscheint. Und hier kommt dann zugleich die Kreativität ins Spiel; denn aus der unermesslichen Fülle historischer Fakten und möglicher Meinungen eine Auswahl zu treffen und diese in einen sinnvoll erscheinenden Zusammenhang zu setzen, ist ein höchst kreativer Prozess. Objektivierbar wird er nur, indem das Ergebnis Menschen mit einem dem Autor vergleichbaren Bildungshintergrund als nachvollziehbar erscheint.[9]

Um eine gewisse Nachvollziehbarkeit zu gewährleisten, hat es sich im Rahmen der Praxis wissenschaftlichen Schreibens als sinnvoll erwiesen, das Material aus dem Blickwinkel einer Fragestellung heraus zu betrachten. Die leitende Frage meiner Geschichte der Landschaftsmalerei ist die, warum Menschen malten. Für diese Frage gibt es viele Antworten, die in eine dem sukzessiven Prozess des späteren Lesens eingepasste Reihenfolge zu bringen sind, die dem gedachten späteren Leser des Buches nachvollziehbar erscheint. In der Geschichte der Landschaftsmalerei ist die weit verbreitete chronologische Darstellung gewählt, als deren historischer Ausgangspunkt die klassische Antike gesetzt ist. Tatsächlich wurde die den Menschen umgebende Natur schon in der klassischen Antike als schön beschrieben und wahrgenommen. Zugleich lässt sich konstatieren, dass seit alters her das Lob von Landschaftsbildern begegnet, die als der Natur gleichwertig oder ihr gar überlegen gepriesen werden. Im Gegenzug wird ebenfalls schon in der antiken Literatur der Schönheit eines gesehenen Naturausschnittes gehuldigt, indem er als einem Bilde gleich oder würdig beschrieben wird. Der als mehr oder weniger schön wahrgenommene Naturausschnitt und das Landschaftsbild als Kunststück und ästhetisches Objekt konnten dabei zugleich einen inhaltlichen Gehalt transportieren, der nicht selten sogar im Vordergrund stand. Eine Landschaft – und auch das ist fraglos eine Konstante in der Rezeption – konnte schon in der Antike etwas bedeuten und zum Beispiel als Gleichnis der göttlich durchwalteten Natur verstanden werden oder als spiritueller Verweis auf die jenseitige Glückseligkeit von Elysium oder Paradies. Eine ganz andere, diesseitige Bedeutung lag darin, dass eine Landschaftsdarstellung als Abbildung der eigenen Besitzungen dienen und dem mit Grundbesitz und Herrschaftsgebiet verbundenen Anspruch auf Macht und Würde Ausdruck verleihen konnte. Eine Landschaft vermochte den reichen Ertrag der erfolgreichen Landwirtschaft zu symbolisieren, den üppigen Reichtum des eigenen Gartens zeigen oder weiter gefasst, als Heimat und Vaterland verstanden, eine patriotische Gesinnung zum Ausdruck bringen. Diesem bildlichen Verweis auf eine spezifische Gegend sind jene Landschaftsdarstellungen in ihrer Erscheinung verwandt, in denen ein geografisches Interesse zum Ausdruck kommt. Die Abbildung einer bestimmten Region, ihrer typischen Flora und Fauna war eine seit der Antike praktizierte Form der darstellenden Erdbeschreibung, die als visuelle Belehrung betrachtet wurde. Dabei konnte natürlich auch ein solcherart belehrendes Landschaftsbild als Kunststück bewundert werden oder mit einer spirituellen Bedeutung belegt sein. Diese drei Funktionen des Landschaftsbildes blieben mit unterschiedlichen Gewichtungen und teils in wechselseitiger Durchdringung bis in die Neuzeit bestehen. Als dann am Ausgang des 18. Jahrhunderts die weitgehend sozial emanzipierten Künstler die Darstellungen der sie umgebenden Natur innerhalb kunstimmanenter Prozesse zur Lösung malerischer Probleme und zur Erprobung ästhetischer Wirkungen zu nutzen begannen, kam der Landschaftsdarstellung nochmals eine neue Funktion zu. Erst zu diesem Zeitpunkt war die Landschaft dann nicht mehr allein ein etablierter, sondern zugleich ein allseits geachteter

Bildgegenstand.

Über die chronologisch perspektivierte Antwort auf die Frage nach den einstigen Funktionen von Landschaftsbildern lässt sich ein roter Faden für eine Gattungsgeschichte des Landschaftsbildes gewinnen. Doch ist diese spezifische Form der Darstellung nicht ganz unproblematisch. Denn die Reduzierung unterschiedlicher Ereignisse und Kontexte auf ihre vermeintlichen Zusammenhänge und Übereinstimmungen ist zwar ein in der Praxis der Geschichtsschreibung verbreitetes Verfahren, das sich jedoch, wie Thomas Nipperdey gezeigt hat, unter methodischen Aspekten durchaus in Frage stellen lässt.[10] Die Beschreibung der vermeintlich unveränderlichen und wesentlichen Aspekte oder Ideen führt nämlich zur Konstruktion einer fiktionalen diachronen Kontinuität, zu einer Geschichtsschreibung, die einen beinahe zwangsläufig anmutenden Gang der Dinge konstruiert. Wer die Abfolge historischer Ereignisse als Kontinuum beschreibt, bemüht sich nämlich zumeist auch darum, eine Vielzahl von Ereignissen, die nacheinander und getrennt voneinander stattgefunden haben, auf einen erklärenden Nenner zu bringen. Hiergegen wandte Nipperdey ein, dass dies nur von einer ahistorischen, nachträglichen Perspektive aus möglich sei und man auf diese Weise Kontinuitätslinien konstruiere, die dem Forschungsgegenstand seine Polyvalenz und »damalige Fülle der möglichen Zukunft« nehme.[11]

Es gilt also im Rahmen einer historisch angemessenen Betrachtung, die einstige Vielfalt der Möglichkeiten auch in der erzählenden Rückschau lebendig zu halten. Das wird möglich, wenn man sich, ausgehend von Heinrich Wölfflins These, dass das Sehen an sich seine Geschichte hat, die überlieferten Zeugnisse vergangener Epochen konsequent als historische Hervorbringungen vorstellt.[12] Dabei müssen dann mit Blick auf die Geschichte der Landschaftsmalerei nicht allein Entstehungszusammenhänge, Beziehungen und Abhängigkeiten der Bilder zur Sprache kommen, sondern auch historische, soziale und ökonomische Kontexte, um zum Beispiel die prinzipielle Andersartigkeit des zeitgenössischen Blicks auf frühneuzeitliche oder mittelalterliche Bilder zu verdeutlichen. Das Ziel kann dabei weder die völlig unmögliche Rekonstruktion der Vergangenheit noch die Identifikation mit ihr sein, sondern eine Übersetzung, die die Bilder als historische Objekte ernst nimmt, ohne sie zu Symptomen ihrer einstigen Kontexte zu degradieren. Und auch für diesen Prozess bedarf es eines nicht geringen Maßes an Kreativität. Sie ist nämlich nicht nur gefordert, wo es darum geht, die Dinge seinem eigenen Denken gefügig zu machen, sondern auch da, wo fremdes oder anderes Denken nachvollziehbar vermittelt werden soll. Eine der wenigen Lehren, die man jenseits des von Karl Popper als Elend charakterisierten Historizismus tatsächlich aus der Geschichte ziehen kann, ist die, dass die uns selbstverständliche Ordnung des Wissens gar nicht so selbstverständlich ist.[13] Man mag sich hier zur Veranschaulichung nur an jene von Borges angeführte und von Foucault zitierte »gewisse chinesische Enzyklopädie« erinnern, »in der es heißt, dass die Tiere sich wie folgt gruppieren:

a) Tiere, die dem Kaiser gehören,
b) einbalsamierte Tiere,
c) gezähmte,
d) Milchschweine,
e) Sirenen,
f) Fabeltiere,
g) herrenlose Hunde,
h) in diese Gruppierung gehörige,
i) die sich wie Tolle gebärden,
k) die mit einem ganz feinen Pinsel aus Kamelhaar gezeichnet sind,
l) und so weiter,
m) die den Wasserkrug zerbrochen haben,
n) die von weitem wie Fliegen aussehen.

Bei dem Erstaunen über diese Taxinomie erspürt man ganz unmittelbar etwas, was als der exotische Zauber eines anderen Denkens erscheint. Doch es ist mehr. Es ist die Grenze unseres modernen Denkens. Oder anders formuliert: Es ist die schiere Unmöglichkeit, das zu denken.«[14]

Um das Fremde dem eigenen Denken zugänglich zu machen oder um das vermeintlich Verständliche als gar nicht so selbstverständlich zu erweisen, bedarf das wissenschaftliche Schreiben und Denken der Kreativität. Das ließe sich hier durch eine Reihe von Beispielen und den Blick auf historische Kunstwerke illustrieren, auf Landschaftsbilder aus den vergangenen 2000 Jahren. Doch die zahlreichen Deutungen und Bedeutungen könnten hier nicht einmal ansatzweise zur Sprache kommen. Aber sie sind ja auch gar nicht das zentrale Thema dieses Textes. Sein Ziel war und ist es, den Blick dafür zu schärfen, dass die Zahl möglicher Deutungen historischer Überlieferung und die Möglichkeiten der Konstruktion von Geschichte nahezu unerschöpflich sind und die wie auch immer geleitete Auswahl aus der Fülle dieser Möglichkeiten ein zutiefst subjektiver kreativer Prozess ist und bleibt, an dessen Ende im besten Falle innovative Ergebnisse stehen.

1 Bazon Brock: Heia Safari. Eines der ›Donnerstagsmanifeste‹ von Bazon Brock und Hermann Goepfert, Frankfurt am Main, 1962/63. Vgl. URL: http://www.brock.uni-wuppertal.de/Schrifte/AV/Safari.html (16.01.2009).
2 Nils Büttner: Geschichte der Landschaftsmalerei, München 2006.
3 Michael J. Lewis: The lay of the land. [Review of:] Nils Büttner: Landscape Painting A History, in: The new Criterion, September 2007, S. 67–70.
4 Herod. epilog, I, 5; Herodot: Historien, übersetzt von A. Horneffer, hrsg. von H. W. Haussig, 4. Aufl., Stuttgart 1971, S. 1–3.
5 Cic. leg. 1.1.5.
6 Arist. rhet. I, 4, 1360 a 37; III, 9, 1409 a 28; poet. 9, 1451 b 3, 6; 23, 1459 a 21.
7 Arist. poet. 1451 a; Aristoteles: Poetik, übersetzt von Manfred Fuhrmann, Stuttgart 1982, S. 29.
8 Vgl. Max Weber: Die »Objektivität« sozialwissenschaftlicher und sozialpolitischer Erkenntnis (1904), in: ders., Gesammelte Aufsätze zur Wissenschaftslehre, 7. Auflage, Tübingen 1988, S. 146–214.
9 Weber 1904 (wie Anm. 8), S. 184. Vgl. dazu auch Heinz-Jürgen Dahme und Otthein Rammstedt: Die zeitlose Modernität der soziologischen Klassiker. Überlegungen zur Theoriekonstruktion von Emile Durkheim, Ferdinand Tönnies, Max Weber und besonders Georg Simmel, in: dies. (Hg.): Georg Simmel und die Moderne, Frankfurt a. M. 1984, S. 449–478.
10 Thomas Nipperdey: 1933 und die Kontinuität der deutschen Geschichte, in: Historische Zeitschrift 227, 1978, S. 86–111.
11 Nipperdey 1978 (wie Anm. 10), S. 111.
12 Zu historischen Bedingungen und Bedingtheit des Sehens vgl. auch Ulrike Hass: Das Drama des Sehens. Auge, Blick und Bühnenform, München 2005, S. 35–40, mit weiterer Literatur.
13 Karl Popper: Das Elend des Historizismus (Die Einheit der Gesellschaftswissenschaften, 3), Tübingen 1965.
14 Michel Foucault: Die Ordnung der Dinge. Eine Archäologie der Humanwissenschaften, Frankfurt a. M. 1974, S. 17. Zu Foucaults Theorie der Episteme und ihrer Wirkung vgl. Bernhard F. Scholz: Zur Bedeutung von Michel Foucaults These eines epistemischen Bruchs im 17. Jahrhundert für die Barockforschung, in: Europäische Barockforschung, hrsg. von Klaus Garber, Bd. 1, Wiesbaden 1991 (Wolfenbütteler Arbeiten zur Barockforschung; 20), S. 169–184.

HOT SPOT: BILD, ORT, INSTITUTION

Klaus-Peter Busse

Innovation

Warum ein Künstler in den 50er Jahren unleserliche Zeichen auf ein Blatt Papier kritzelt, sie durchstreicht (als ob sie nicht gültig seien), warum ein Architekt die übergroße Nachbildung einer Ente fotografiert oder warum ein anderer Künstler digitale Kopien von Bildern zusammen mit Texten auf eine schwarze Tafel klebt und dies in einem Museum ausstellt – schließlich: warum man diese Handlungen im Umgang mit Bildern als innovativ bezeichnet: Dies sind interessante Fragen für jemand, der sich für Kunst, Kunstgeschichte und Kunstvermittlung interessiert. Auch wenn sie an exemplarischen Beispielen gestellt sind, beschäftigen diese Fragen alle Personen, die sich mit der Sicherung und Ermöglichung von Kreativität, Innovation und Forschung auseinandersetzen. Diese Begriffe, die nachvollziehbare und stattfindende Handlungen bezeichnen, werden heute häufig benutzt, um zu erklären, was Kunst ist. Dies ist selbst etwas Neues: Kunst nicht mehr innerhalb eines philosophischen Gebäudes, nicht mehr innerhalb jener immer wieder vagen Vorstellung von dem, was Kunst in unserer Kultur mythisch besetzt (Genialität, Schöpfertum, Einzigartigkeit, Selbstzweifel, Expression), und nicht mehr innerhalb von Wertesystemen zu erklären, die überkommen sind. Vielmehr stellt man gesellschaftlich-kulturelle Funktionen von Kunst fest: Künstler sitzen nicht mehr in ihren Ateliers und arbeiten an neuen Formen der Welt- und Subjektbewertung. Nein: Sie innovieren, forschen und sind kreativ für Kultur und Gesellschaft, und das rechtfertige ihre Präsenz und Unterstützung.
Man muss ganz ehrlich sein: Warum Künstlerinnen und Künstler kritzeln und herumschmieren, warum sie Enten fotografieren oder warum sie Fotokopien von Bildern aneinanderkleben, setzt auch häufig jene Personen in Erklärungsnot, die sich eigentlich für Kunst interessieren und ganz unbefangen in ein Museum ge-

hen, wo sie dann Flecken, Schmutz, Hühner, Erdnussflipps oder faule Eier entdecken. Vollkommen dramatisch ist die Situation für Lehrerinnen und Lehrer, die von ihren Schülerinnen und Schülern gefragt werden, warum jemand kritzelt, Enten fotografiert oder Fotokopien ausstellt und warum dies »Kunst« ist, schließlich machen sie das auch: kritzeln, Ungewöhnliches fotografieren und mit Kopien arbeiten, und das in durchaus ernst zu nehmender Weise.

Um Antworten auf diese Fragen zu finden, muss man die Kontexte studieren, aus denen heraus die Kleckse, Enten und Schultafeln entstanden sind. Man mag das Schmieren, die Vögel und Altpapier oder Akten schön finden. Warum man das schön findet (warum einige wenige Menschen dies in ihr Repertoire von Geschmack eingegliedert haben), ist eine andere Frage – im Gegensatz zu der Aufgabe, sehr genau zu beschreiben, warum dies Künstlerinnen und Künstler gemacht haben, die sich überhaupt und bekanntlich nicht darum kümmern, was man von ihnen erwartet. Sucht man Antworten auf die Sudelei, auf den Alltag und auf die Medien in der Kunst, wird man sie nur in den Konzepten der Kunst finden, die erklären, warum Forschung, Kreativität und Innovation stattfinden, warum sie diese Prozesse erklären und helfen können, Forschung, Kreativität und Innovation auf den Weg zu bringen.

Bild

Die Kritzeleien hat der amerikanische Künstler Cy Twombly in den Jahren 1959 bis 1967 auf quadratischen Blättern etwa in der Größe von 20 x 20 cm gezeichnet. Er nennt diese Zeichnungen »Letter of Resignation«, und dies ist auch der einzige Hinweis auf eine mögliche Bedeutung dieser Blätter.[1] Tatsächlich ist diese Bedeutung völlig unklar und diffus. Auch die Forschung über Twombly verrät nichts Nennenswertes. Der Begriff »Letters« im Titel der Arbeit verweist auf eine Kommunikationsabsicht, deren Inhalt »Resignation« ist. Vielleicht sind es Frustrationen des Künstlers über die fehlende Akzeptanz seines Werks, vielleicht sind die Durchstreichungen und Sinnlosigkeiten des Geschriebenen und Gekritzelten Dokumente einer Sprachkritik und eines Zweifels an der Vermittlungsfähigkeit von Kunst, vielleicht demonstriert Twombly schlicht Leere. Man weiß es nicht! Verfolgen kann man allerdings, dass dieses Zeichnen und diese Motive ihn immer wieder beschäftigt haben. Vierzig Jahre später findet man sie in Gemälden wieder.

Man kann diese Bilder sicherlich mit dem gedanklichen Experiment einfangen, dass sie Schrift und das Schreiben vernichten, die immer, wenn man die Begriffe wörtlich nimmt, auf eine Bedeutung verweisen. Diese lexikalische Struktur zerstört Twombly. Er entenzyklopädisiert also Schrift und Schreiben in einem medialen Bereich, der mit Schrift und Schreiben eigentlich wenig zu tun hat – im Bild. Aber vielleicht sind diese Blätter gar keine »Bilder«, sondern tatsächlich Seiten eines literarischen Skripts – Briefe? Kann es sogar sein, dass die Gemälde mit den Schreibspuren keine »Bilder« sind, sondern Notizblätter, für die Twombly das mediale Skript der Malerei benutzt? Der Künstler verunsichert sein Publikum vehement, indem er offensichtlich Medienspiele betreibt. Allein das wäre innovativ und ausgesprochen kreativ, wenn man überlegt, dass die Kritzeleien fast fünfzig Jahre alt sind. Dass Innovationen in der Kunst, aber auch in anderen Bereichen sehr deutlich von Erkundungen der Grenzen eines Mediums abhängen und in Grenzüberschreitungen liegen, weiß die Medientheorie nicht erst seit Villem Flussers Untersuchungen.

In den Zeichnungen findet sich aber noch mehr, denn offensichtlich probiert Twombly hier etwas aus. Er sucht etwas, er sitzt am Zeichenblock wie jemand, der einen Liebesbrief schreibt und keine Worte findet. Ein Blatt entsteht nach dem anderen in der Suche nach dem richtigen Ton. Gemeinhin bezeichnet man solche Situationen als »verzweifelte«. Doch wonach sucht Twombly? Vieles deutet darauf hin, dass diese Versuchsanordnungen Dokumente der Entstehung einer wesentlichen Diskursstrategie der europäischen und amerikanischen Malerei der zweiten Hälfte des 20. Jahrhunderts sind, für die es leider keinen Begriff gibt, es sei denn, man bezeichnet sie als »twomblyesk«.

Diese Twomblyeske ist für die Malerei ebenso bestimmend geworden wie das Kafkaeske vorher für die Literatur.

Um zu verstehen, was Twombly ausprobiert, ist eine Wanderung in die Erinnerungstopografien um das Black Mountain College in North Carolina erforderlich, an dem Twombly seit 1951 studiert hat.[2] An dieser Schule traf er als junger Mann – Mitte zwanzig – auf ein höchst experimentelles Klima und auf eine Atmosphäre, die jemand gefallen musste, der nach neuen Wegen der Kunst suchte oder schlicht etwas lernen wollte. »Etwas Lernen wollen« – dies ist eine grundlegende Einstellung für jemand, der aus Vorhandenem eine eigene Sache bilden kann. An diesem College prallten zwei Kunstvorstellungen aufeinander, die gegensätzlicher nicht sein konnten: die am Bauhaus orientierte Kunstlehre von Josef Albers und die junge Generation jener Maler, die man als abstrakte Expressionisten bezeichnet. Albers hat Twombly dort nicht erlebt, wohl aber jene Künstler, die – in den Worten von Willem de Kooning – alle formalen kunstpädagogischen Konzepte als »rehearsal« ablehnten und einen strikten Individualismus suchten. Das entsprach der Zeit und dem amerikanischen Verständnis von Kunst nach dem Zweiten Weltkrieg, kurz vor Beginn des Kalten Krieges, in dem man diese Künstler benutzte, um »demokratische Freiheit« der Welt vorzuführen. Nur darf man sich nicht nicht täuschen lassen: Die Kunst dieser Zeit folgte an ihren prominenten Beispielen klaren Konzepten, war also überhaupt nicht das Spielfeld von Träumerei und Selbstausdruck, weder bei Robert Motherwell und Franz Kline, noch später bei John Cage. Worauf ließ sich der junge Twombly als Student ein, als er nach Black Mountain ging? Zunächst auf eine innovative Schule, dann auf interessante Lehrer. Er machte also genau das, was auch heute noch junge Menschen interessieren sollte, die studieren wollen: nicht nur Lehrerinnen und Lehrer zu finden, sondern sie auch zu suchen. Das Black Mountain College, in den dreißiger Jahren des 20. Jahrhunderts gegründet, war keine Kunstschule. Gleichwohl räumte es den Künsten eine zentrale Rolle ein. Heute würde man von einer Schule mit »musischem Schwerpunkt« oder von ästhetischer Bildung sprechen, um Lernangebote in Literatur, Kunst, Theater, Tanz, Töpferei und Weberei zu bezeichnen, die Studierende neben klassischen Fächern belegen konnten. Geprägt von der pragmatizistischen Ästhetik, von dem Philosophen John Dewey und seinem offenen Begriff der ästhetischen Erfahrung betonten die Lehrer vor allem methodisches Handeln und forschendes Lernen einerseits, interdisziplinäres Denken andererseits. Lernen am BMC war nie ausschließlich Lernen in Klassen und Kursen, sondern auch Erfahrung von Gemeinschaft. Man traf sich mit den Dozenten, um gemeinsam Themen aus unterschiedlichen Fächern zu diskutieren.

Was das BMC berühmt machte, geschah erst sehr viel später, als man künstlerische Sommerkurse einrichtete und bekannte Künstlerinnen und Künstler aus der jungen amerikanischen Szene zu »Zwischenlandungen« einlud. Die wesentliche Initiative ging von dem letzten Rektor der Schule aus, dem Schriftsteller Charles Olson. Durch seine Berufung änderte sich das Curriculum wesentlich zugunsten einer deutlichen Orientierung des Lernens an künstlerischen Prozessen, die er in einem Schaubild aufzeichnete, das die Netzstruktur des Lernens deutlich macht. Der Maler Twombly traf zu Beginn der fünfziger Jahre auf diesen Lehrer und alle Künstlerinnen und Künstler, die in Ashville zwischenlandeten.

Charles Olson war aber nicht nur Verwalter der Schule, sondern auch ein sehr innovativer Autor und Sprachbastler. So entwickelte er die Theorie des »projektiven Verses«. Er führte die ästhetischen Aktivitäten der in den USA lebenden Künstler auf die sinnliche Erfahrung des amerikanischen Landschaftsraums zurück. Zu gewaltig sei diese Landschaft, und entziehen könne man sich ihr nicht. »Landschaft« und »Raum« wurden so zu zentralen Kategorien des Diskurses über die Kunst; sie sind es eigentlich bis heute, allerdings unter anderen Vorzeichen. Charles Olson übertrug nun diese Kategorie des Raums auf die schriftstellerische Produktion und verband Malerei und Literatur. Literatur als Bild: Die literarische Skript-Seite verstand er als Leinwand, auf der sich beim Schreiben »composition by field« entwickelt, und die Schreibmaschine als Medium wird zum Pinsel für Raumkonstruktionen mit Wörtern auf der weißen Fläche. Skript-Raum: Das ist ein Spiel mit dem gesetzten Wort und der Auslassung, dem Weiß des Papiers. Das Schreiben selbst verstand er als eine kontinuierliche Reaktion des Autors auf ein gesetztes Wort, wie in der Malerei dieser Zeit, in der ein Maler durch Farbspuren auf vorausgegangene Farbspuren reagiert und zunächst gegenstandslos ein Bild herstellt, das sich durch Übermalungen, Schichtungen und Leere kennzeichnet. Ein Wort oder ein Satz werden zu einem »Springboard« für die folgenden. Es brauchte nur zwei Jahre, bis sich das in seinen Bildern zeigte, was Twombly gelernt und, so nehme ich an, jetzt erst richtig verstanden hatte. Das Konzept des projektiven Verses konnte Modell für die Herstellung eines Gemäldes sein: 1955 malte Twombly ein Bild mit dem Titel »Academy«, in dem man dieses Konzept erkennt.[3] Die malende Hand ersetzt die Schreibmaschine, ein Schriftzeichen ruft das nächste hervor, die Zeichen überlagern sich, werden mit weißer Farbe übermalt, Raum und Zeichenlandschaften entstehen. In diesem malenden Schreibprozess verflüchtigt sich die Schrift. Das Malen entledigt sich der Bedeutungen von Schriftzeichen. Nur vage erkennt man Lesbares. Es ist nur noch die Schreibhandlung, die übrig bleibt: die Bewegung der Hand mit einem Stift auf einer Fläche. Kehrt man die Farbe um oder wechselt man das Medium (vom Schreiben mit Schwarz auf weißem Papier zum Schreiben mit weißer Kreide auf einer dunklen Tafel), dann entstehen Twomblys schwarze Schreib-Räume – Raum füllende Abstraktionen des Schreibens, deren Herstellung sicherlich Performances waren. Denn diese Leinwände sind sehr groß, und der Künstler muss mit dem ganzen Körper, zum Teil auf Leitern stehend gearbeitet haben. Über vierzig Jahre später kommt Twombly in seinen Bildern über »Bacchus« auf dieses malende Schreiben zurück. Installations-Ansichten dieser Bilder zeigen, was der Künstler gemacht hat. Da gibt es keinen Bleistift mehr in der Hand des Künstlers; zum »Schreiben« brauchte er jetzt dicke und lange Bürsten. In diesen Bildern ist ein literarisches Modell vollständig Malerei und Kunst geworden.

Ein Schriftsteller entwirft in der Regel nicht eine einzige Skript-Seite, sondern fügt mehrere Seiten zu einem Buch zusammen. Seltsamerweise macht dies auch Twombly. Das Bacchus-Motiv entwickelt er in mehreren Bildern, und weil diese serielle Malerei in seinem Werk sehr auffällig ist, ist er in einem der sehr seltenen Interviews nach einer Begründung dafür gefragt worden. »Sie haben also in letzter Zeit vor allem Sets und Zyklen und Gruppen gemalt. – Ja, ich weiß nicht, wieso ich damit angefangen habe – es ist, als könne man nicht alles auf einem Bild unterbringen. Ich weiß nicht, weshalb ich das mache – vielleicht sind es Seiten eines Buchs.«[4]

Wegen der Bündelung kreativer Kräfte, wegen der besonderen Lernkulturen und wegen dem, was wir heute als »Lernen in Echtzeit« bezeichnen, kann man das BMC als einen Hot Spot bezeichnen, dessen Impulse so weit gingen, dass sich im Falle Twomblys eine Innovation anbahnte, die die Malerei der zweiten Hälfte des 20. Jahrhunderts wesentlich verändern und um eine neue künstlerische Arbeitsweise ergänzen sollte. Diese Veränderung lag in der handelnden Reflexion künstlerischer Medien zwischen Literatur und Kunst, bald dann auch in der Suche nach Erprobungen in den klassischen Gattungen der Kunst selbst: zwischen Malerei, Zeichnung, Fotografie und Skulptur. Diese Innovation konnte sich entwickeln, weil es am BMC ein offenes Curriculum gab, dort gleichzeitig aber Lehrer arbeiteten, die gesichertes und innovatives Wissen um Inhalte und Methoden weitergaben.

Twomblys »Brief-Zeichnungen« dokumentieren diese pädagogischen Prozesse sehr anschaulich. Sie erzählen beinahe die Geschichte um das Lernen am BMC. Was die Kunstpädagogik und Kunstdidaktik von ihnen lernen können, liegt in dem Erfolg von »Versuchsanordnungen«, die am BMC möglich wurden.

Ort

Twombly musste an einen Ort reisen, um das Bild zu innovieren. Nun waren aber die Stadt und die Landschaft in North Carolina selbst nicht Gegenstand von Kunst, sondern lediglich Umgebungsraum für pädagogische Prozesse. Wird nun der Ort selbst Objekt künstlerischen Interesses und versteht sich dieser Zugang zu einem Ort als Forschung, dann ist eine weitere Arbeitsweise angedeutet, die erklären kann, wie Innovation funktionierte. Um zu forschen, um die Performanz eines Ortes zu verstehen oder um Neues und Anderes zu entdecken, muss man das Studierzimmer, das Atelier oder den Seminarraum verlassen und vor Ort sein. Dann kann man Enten fotografieren oder andere merkwürdige Dinge tun: etwa mit einem Hubschrauber und Fotoapparat fliegen, aber nicht, um Verkehrsstaus zu fotografieren oder Menschen zu überwachen, sondern um – beispielsweise – Parkplätze abzubilden. Enten, Parkplätze, Supermärkte sind nur einige Objekte der Forschungen der Architekten Robert Venturi und Denise Scott Brown in ihrem Studien- und Forschungsprojekt »Learning from Las Vegas« zum Ende der sechziger Jahre.[5] Gemeinsam mit ihren Studierenden reisten die Dozenten nach Nevada, um vor Ort die Stadt des Spiels, der Casinos, des Glücks und der Verschwendung aus einer architektonischen Perspektive zu erkunden. Nachdem heute die Archive der Architekten und dieses Projekts im »Las Vegas Studio« geöffnet sind, wissen wir sehr viel über das, was damals geschah und was Architektur und Kunst gleichermaßen auf den Kopf stellte. Interessant ist vor allem, wie das passierte.

Vor Ort zu sein, ist heute in der Kunst und in der Wissenschaft nicht außergewöhnlich. Die Theorie des Flanierens als Erkenntnisgenerator ist bekannt, und die Arbeit des Historikers Karl Schlögel ist das beste Beispiel für wissenschaftliche Forschung vor Ort. In Las Vegas geschah aus einer historischen Perspektive etwas anderes. Sicherlich würde sich auch Karl Schlögel heute für Enten und Parkplätze interessieren, aber wie kamen vor vierzig Jahren diese beiden Architekten auf die Idee, Fotoapparate mit in den Hubschrauber zu nehmen oder sie auf der Motorhaube eines Autos zu montieren, um mit einem Fernauslöser möglichst alles im Sekundentakt aufnehmen zu können?

Zugegebenermaßen: Mit einer solchen Technik kann man später beim Betrachten der Bilder merkwürdige Dinge erkennen.

Die Architekten Venturi und Scott Brown interessierten sich in den sechziger Jahren für die Ästhetik einer amerikanischen Stadt, die wesentlich durch das Auto und Mobilität gekennzeichnet war, denn in erster Linie reist man bis heute nach Las Vegas, um dort einige Tage zu verbringen, Shows und Casinos zu besuchen, um dann die Stadt wieder zu verlassen. Dieses Interesse war damals schon innovativ genug, ging es darum, eine Stadt und eine Straße (den Las Vegas Strip) zu untersuchen, die ohne Architekten geplant war, die aufgrund räumlicher Bedürfnisse entstanden war und deren Struktur beide Architekten so akzeptieren wollten, wie sie sie vorfanden. Andererseits war den beiden Dozenten klar, dass man neue visuelle Verfahren brauchte, um die Dynamik der Stadt zu erfassen. Deswegen empfahl man schon sehr sehr früh den Studierenden, »Mapping, Filme, Collagen, Multi-Media und Multi-Slide-Projektionen« zu verwenden. Denise Scott Brown war klar geworden, dass sie fachliche Hilfe brauchte, um geeignete visuelle Verfahren zu finden. Die Situation war günstig, denn seit einiger Zeit beherrschten die »topographic studies« z. B. die Fotografie. Dieser Begriff bezeichnet die Arbeitsweise von Fotografen, Reisen durch konzeptuelle Strategien zu dokumentieren und vor allem: den Blick nicht mehr nur auf Sehenswürdigkeiten, sondern auf den Alltag zu fokussieren.

Denise Scott Brown fand diesen fachlichen Rat bei einem Künstler. Vor der Reise von Los Angeles nach Las Vegas machte sie mit ihren Studierenden eine Zwischenlandung im Atelier von Ed Ruscha, der bereits neue Verfahren zur Dokumentation des amerikanischen Raums gefunden hatte. Mittels einer völlig trockenen Form der Fotografie, also unter Verzicht auf subjektive Gestaltung hatte er Tankstellen, Appartmenthäuser und andere Orte seiner Umgebung fotografiert und das Material als Künstlerbücher veröffentlicht. Ed Ruscha hatte auch die Idee, den Sunset Strip in Los Angeles komplett aus dem Auto heraus zu fotografieren. Diese Methode nennt man »deadpanning«: Man baut beispielsweise eine Kamera auf ein Auto, fährt eine Straße entlang und löst die Kamera mit einem Fernauslöser in regelmäßigen Abständen aus. Auch kann man auf diese Weise Filme drehen. Wesentliches Merkmal dieser Methode ist, durch solche Ideen den kreativen Teil der Abbildung möglichst gering zu halten.

Dies alles führte in seiner Anwendung zu dem Buch »Learning from Las Vegas« als Gemeinschaftsprojekt von Dozenten und Studierenden, das im Jahr 1972 erschien und für die Architekten-Szene sicherlich selbst innovativ war. Innerhalb der aktuellen Kunst markiert dieses Buch ein Fundament des kulturellen Skripts »Mapping«. Interessant ist aber vor allem die Entstehung innovativer Potenziale aus einer Zusammenarbeit von unterschiedlichen Disziplinen, in diesem Fall von Architektur und zeitgenössischer Kunst. Das Projekt belegt anschaulich, dass die Beteiligung der Kunst bei außerkünstlerischen Fragestellungen besonders innovativ wirken kann. Ohne die Konzepte von Ed Ruscha wäre das Projekt nicht so erfolgreich gewesen, das sich als eine Kooperation von Dozenten und Studierenden entwickelte, was als ein weiteres Merkmal des kreativen Schubs gewertet werden kann, der als »Lernen in Echtzeit« bezeichnet wird. Die Entwicklung innovativer Methoden, die Kooperation zwischen Fächern und die Beteiligung der aktuellen Kunst in außerkünstlerischen Problemlagen sind eine wichtige Grundlage kreativer Potenziale und des Erkenntnisgewinns. Das Dortmunder Seminar für Kunst und Kunstwissenschaft nutzt diese Synergien in der Kunstgeschichte, Kunstdidaktik und im künstlerischen Arbeiten.

Institution

Abbildungen von Kunstwerken oder anderes Bildmaterial auf schwarzen Untergrund zu kleben, erinnert natürlich sofort an das Mnemosyne-Projekt von Aby Warburg, das in den zwanziger Jahren des 20. Jahrhunderts eine Innovation war: kein Buch über ein kunstgeschichtliches Thema zu schreiben, sondern Bilder zu sammeln und zu ordnen, um auf diese Weise einen Bilder-Atlas zu entwickeln. Doch zwischen dem Atlas von Warburg und dem Projekt »Some Fanny Gestures«, an dem Henrik Olesen seit 2005 arbeitet, bestehen große Unterschiede, denn Olesen ist Künstler, während Warburg Wissenschaftler und Kunsthistoriker war.[6] Das Atlas-Projekt Warburgs ist eindeutig an die akademische Institution der Kunstgeschichte gebunden und hat dort ihren Ort. Das Projekt von Olesen entsteht im künstlerischen Kontext und sucht dort seine Orte: in Galerien und Museen. Dennoch sind beide nicht nur optisch vergleichbar.

Henrik Olesen sammelt und untersucht Kunstwerke und Bilder als kulturelle Dokumente von Homosexualität und als Aussagen einer Kultur über sie. Viele Abbildungen wurden von dem Künstler gescannt und mit Anmerkungen versehen, ähnlich den Notizen Aby Warburgs. Die Bildanordnungen verschieben und verändern sich prozessual. Man erkennt keine offenen, sondern sich bewegende Bildarchive, in denen ihre Archivare Abbildungen schichten, neu ordnen und ergänzen. Sie sind letztlich Versuchsanordnungen im Umgang mit Bildern. Der wesentliche Unterschied jedoch besteht in den institutionellen Orten ihrer Platzierung innerhalb kultureller Räume. Weil das Projekt Henrik Olesens kunsthistorische Merkmale hat, erstaunt seine Ausstellung in einem Museum und in einer Galerie. Will der Künstler etwa das Museum zu einem kunsthistorischen Seminarraum machen? Hinter diesem Spiel mit Institutionen verbirgt sich ebenfalls eine Auseinandersetzung mit den Aufgaben des Künstlers, der nicht mehr ausschließlich »Bilder« gestalterisch kreiert und in den klassischen Gattungen der Malerei, Zeichnung oder Skulptur arbeitet. Offensichtlich verweist das Projekt auf eine neue Aufgabe des Künstlers als Forscher, was wiederum den Kunstbegriff wesentlich erweitert.

Bildersammlungen, Atlanten und Archive sind heute wichtige mediale Skripte für künstlerisches Handeln, und nicht unbedingt verweisen sie auf neue Selbstverständnisse des Künstlers selbst. In seinem berühmten »Atlas« ordnet Gerhard Richter lediglich auf großen Bildtafeln Abbildungen und Entwürfe seines eigenen Werks. Er sammelt gewissermaßen ein Werk-Tagebuch und erweitert dadurch die medialen Skripte seiner Kunst. Dieser »Atlas« gehört zweifellos in einen künstlerischen Kontext. Das gilt auch für das »Album« von Hanna Höch, einem anderen wichtigen Atlas der Kunstgeschichte des 20. Jahrhunderts. Etwas anders ist dies in dem Archiv des amerikanischen Fotografen Walken Evans gelagert, in dem er Postkarten gesammelt und geordnet hat.[7] Denn der Fotograf erarbeitet eine typologische Ikonografie der Postkarte in Amerika der ersten Jahrhunderthälfte. Man erkennt in diesem Verhalten schon erste Merkmale der forschenden Haltung eines Künstlers, der darüber hinaus beginnt, diese Sammlung künstlerisch auszuwerten, indem er auf Postkarten abgebildete Orte aufsucht und vergleichende Fotografien macht oder indem er von großen Negativen Abzüge im Postkartenformat macht (die amerikanische Postkarte ist etwas kleiner als die europäische). Das wiederum macht Henrik Olesen nicht.

Wenn dieser Künstler kulturhistorischen Ambitionen folgt, sich als Bildforscher versteht, kunsthistorischen Methoden benutzt und schließlich sein Werk in einem Kunstmuseum ausstellt, dann stellt er damit Fragen an die Institution. Zwar stellt ein Kunstmuseum qua definitionem Bilder aus und verwaltet sie, man findet auch Bildtafeln (beispielsweise zur Kunstvermittlung des Gezeigten) und natürlich ist das Museum ein lebendiger Ort der Kunstgeschichte und Ort ihrer Diskurse. In der Debatte um die Aufgaben künftiger Museen wird immer wieder das gefordert und als Maßstab der Bewertung von Ausstellungen benutzt. Insofern wäre das Projekt von Olesen ein künstlerischer Hinweis auf diese Aufgaben, die sich sehr von gängigen Vorstellungen des Museums als »Haus des Events«, als Heimat von Sponsoring und Geldgenerator der Kommunen unterscheidet.

Der Künstler macht sehr deutlich, dass das Museum eine Diskurswerkstatt sein kann, ein öffentlicher Seminarraum der Kunstgeschichte oder eine Gedanken- und Bilderwerkstatt für Besucherinnen und Besucher. Sehr deutlich hat dies Allan Kaprow schon in den sechziger Jahren gesehen, als er sich mit den Aufgaben des Museums beschäftigte: »Where do we stand? How do we see our social responsibility?«[8] Aufgrund seines Misstrauens gegenüber einem selbstreferenziellen Museum und dem dort etablierten Kunstsystem wünschte er sich eine »Rekonfiguration« der Institution als »pädagogische Agentur«, in der Künstlerinnen und Künstler ihre Arbeit verrichten, weil das Machen und Erfahren von Kunst eine »grundsätzliche Methode des Lernens« sei. Wichtig waren für Kaprow damals Inhalte der intersubjektiven Kommunikation und der Reflexion der Welt, deren Menschen er sich vorstellte, die sich dort einrichten: »Context is the real subject and meaning-carrier of modern culture.« Dies sind nach vierzig Jahren wieder aktuelle Inhalte. Neue Aufgaben im Selbstverständnis der Bildungseinrichtungen des 21. Jahrhunderts entstehen: als Orte der Orientierung in Lebenswelten und ihrer Geschichte, Menschen zu beteiligen ohne Fremdperspektiven in den Sprachen, die sie verstehen, sprechen und sprechen lernen können.[9]
Der nächste Schritt in diesem Wandel wäre sicherlich die Praxis, dass Besucherinnen und Besucher Bilderwände selbst gestalten und partizipierend an fluiden Ausstellungskonzeptionen und Forschungsaufgaben teilnehmen. Es entstünde

das Museum als Ort des Experiments, der »Überdehnungen und Streckübungen«[10] und als Hot Spot »Display«. Kurt Wettengl beschreibt diese neuen Aufgaben des Museums in einem pragmatischen Ton: »Vielmehr begreifen wir die Besucherinnen und Besucher aller Generationen als soziale und gesellschaftliche Wesen. Für sie, mit ihnen wie mit den Künstlerinnen und Künstlern wünschen wir uns die Entwicklung des Museums zum lebenden Ort des kulturellen Gedächtnis, bei dem der Blick auf die Vergangenheit die Prozesse der permanenten Veränderung erkennt, sowie zum Labor, in dem Möglichkeiten der Veränderung und Gestaltung entwickelt werden können.« Innovationen zeigen sich in der Institutionenkritik durch Wissenschaft, Kunst und Institution selbst. Ihre Idee ist, Institutionen neu zu definieren und zu nutzen. Innovationen können nur stattfinden, wenn sich auch die Rahmenbedingungen ändern, unter denen sich Kreativität und Forschung entwickeln. Man begreift dies inzwischen: Gerade wenn Institutionen staatlich und behördlich gelenkt sind (wie beispielsweise Schulen), dann benötigen sie Freiräume, um mit innovativen Methoden auf Problemlagen reagieren zu können. So benötigt ein innovatives Verständnis des Unterrichtsfaches »Kunst« ein offenes Curriculum, das Lehrerinnen und Lehrern Handlungsspielräume lässt. Solche Räume darf man nicht gegenläufig wieder eingrenzen: Wenn man als Bildungsstandard Innovation, Kreativität und Forschung will und hierfür methodische Kompetenzen festschreibt, dann müssen hierfür die institutionellen Kontexte stimmen.

Narren

»Wenn es aber Wirklichkeitssinn gibt, und niemand wird bezweifeln, dass er seine Daseinsberechtigung hat, dann muss es auch etwas geben, das man Möglichkeitssinn nennen kann. Wer ihn besitzt, sagt beispielsweise nicht: Hier ist dies oder das geschehen, wird geschehen, muss geschehen; sondern er erfindet: Hier könnte, sollte oder müsste geschehen; und wenn man ihm von irgend etwas erklärt, dass es so sei, wie es sei, dann denkt er: Nun, es könnte wahrscheinlich auch anders sein. So ließe sich der Möglichkeitssinn geradezu als die Fähigkeit definieren, alles, was ebensogut sein könnte, zu denken und das, was ist, nicht wichtiger zu nehmen als das, was nicht ist. Man sieht, dass die Folgen solcher schöpferischen Anlage bemerkenswert sein können, und bedauerlicherweise lassen sie nicht selten das, was die Menschen bewundern, falsch erscheinen und das, was sie verbieten, als erlaubt oder wohl auch beides als gleichgültig. Solche Möglichkeitsmenschen leben, wie man sagt, in einem feineren Gespinst, in einem Gespinst von Dunst, Einbildung, Träumerei und Konjunktiven.« Ist das nicht herrlich? Es war Robert Musil in seinem »Mann ohne Eigenschaften«, der Anfang der dreißiger Jahre vermutet hat, dass man diese Möglichkeitsmenschen für Narren hält.[11]

Möglichkeitsmenschen fotografieren Pfützen und Maisfelder, aber sie projizieren auf diese Bilder des Wirklichkeitssinns Konjunktive. Joel Sternfeld wäre jemand, den viele für einen Narren halten könnten, weil er genau das macht.[12] Aber ein »Oxbow Archive« ist ein innovatives künstlerisches Projekt als ein politisches Statement gegenüber drängenden Zeitfragen. Wie aber kommen die Pfützen ins Bild? 1833 hatte es den amerikanischen Maler Thomas Cole an den Conneticut-River verschlagen, wo ihn eine Windung dieses Flusses interessierte. Aus Zeichnungen entstand im Atelier das berühmte Gemälde »View from Mount Holyoke, Northampton, Massachusetts, after a thunderstorm – The Oxbow« von 1838, das heute im Metropolitan Museum of Art hängt. Thomas Cole stellt eine ungeordnete, natürliche Landschaft einer bearbeiteten Kulturlandschaft gegenüber, was viele Interpreten veranlasst hat, in dem Künstler einen Fortschrittspessimisten zu sehen, der vor der weiteren Kultivierung der Landschaft warnen wollte. Der Fotograf Joel Sternfeld kehrt heute an diesen Ort zurück, kartografiert die Flusslandschaft und dokumentiert an ausgewählten Stellen den aktuellen Zustand dieses Landschaftsraumes. Das Blick-Feld von Thomas Cole wird aktualisiert und mit neuen technischen Möglichkeiten um aktuelle Blickfelder ergänzt.

Sternfeld untersucht einen für die amerikanische Kunstgeschichte wichtigen Ort, ein für die amerikanische Kultur wichtiges Gemälde und stellt mit seinem Projekt die wichtige Frage nach dem Zustand der Landschaft, den er exemplarisch vor Augen führt. Die Innovation des Projekts liegt vor allem in der Entwicklung eines kulturellen Skripts und einer künstlerischen Methode, die Joel Sternfeld in einem außerkünstlerischen Raum der Untersuchung des Klimawandels und der Klimaforschung platziert (wofür er bekannt ist). Umgekehrt formuliert: Der Künstler trägt mit künstlerischen Methoden zur Untersuchung des Klimawandels und seiner Folgen bei. Er und viele andere künstlerisch denkenden Menschen entsprechen damit einer Erwartung der Kultur an die Kunst, die Hanno Rauterberg zusammenfasst: »Doch steht nirgends geschrieben, dass die Künstler für immer zukunftsblind um sich selbst kreisen müssen. ... Denn wo, wenn nicht im großartigen Freiheitsraum der Kunst, sollte der Mensch wieder lernen, sich ein anderes Morgen auszumalen? Und wer, wenn nicht die Künstler, könnten damit beginnen, die gesellschaftliche Zukunft aufzureißen? ... Frei aber, um neugierig in den Blick zu nehmen, was nicht ist, was aber sein könnte.«[13] Denkt man über Kreativität, Innovation und Forschung im Umgang mit Bildern nach, dann spricht man anschließend über Blick-Felder durch die Bilder und durch die Kunst auf die Welt, die durch sehr unterschiedliche Handhabungen von kulturellen und medialen Skripten entstehen – in besonderen Lernkulturen (wie sie an Schulen und Hochschulen vorstellbar sind), in Kooperationen und Disziplinen übergreifenden Verhandlungen, dabei unter Aufmischung der Grenzen zwischen Kunst und außerkünstlerischen Territorien, mit einer Offenheit gegenüber den Möglichkeiten von Institutionen und manchmal sogar mit dem Blick auf die Nachhaltigkeit jener Entscheidungen, die man immer wieder prüfen muss, gleichgültig, worauf sie sich beziehen, ob künstlerisch, bildungspolitisch oder während der Suche nach Aufgaben und Verantwortungen, die sich lohnen.

Die Abbildungen zu den im Text erwähnten Kunstwerken und Projekten sind im WWW leicht zu recherchieren

1 Vgl. Heiner Bastian (Hrsg.). Cy Twombly. Letter of Resignation. München 1991.
2 Vgl. Abbildungen und weitere Literatur in: Klaus-Peter Busse. Hot Spot Black Mountain. In: K+U ... 2009.
3 Vgl. Cy Twombly, Academy (New York City), 1955. 191 x 241 cm.
4 Vgl. Cy Twombly/Nicholas Serrota, History Behind the Thought, in: Nichoas Serrota (Hrsg.), Cy Twombly, Cycles and Seasons, London/München 2008, S. 42.
5 Vgl. Robert Venturi/Denise Scott Brown/Steven Izenour. Learning From Las Vegas. Cambrige 1972 und Hilar Stadler/Martino Stierli/Peter Fischli. Las Vegas Studio. Images form the Archives of Robert Venturi and Denise Scott Brown. Zürich 2009.
6 Vgl. Heike Munder (Hrsg.). Henrik Olesen. Some Faggy Gestures. Zürich 2008.
7 Vgl. Jeff L. Rosenheim. Walker Evans and the Pictural Postcard. Göttingen 2008.
8 Ich zitiere nach Eva Meyer-Hermann. Museum as Mediation. In: Eva Meyer-Hermann. Allan Kaprow – Art as Life. London 2008. Die pädagogischen Schriften Kaprows sind wohl nur in seinem Archiv zu finden (Allan Kaprow Papers).
9 Vgl. Kurt Wettengl. Das Museum als Kraftwerk. In: Klaus-Peter Busse/Karl-Josef Pazzini (Hg). (Un)Vorhersehbares lernen. Kunst-Kultur-Bild. Norderstedt 2008 (Dortmunder Schriften zur Kunst).
10 Vgl. Raimar Stange. Kunst als »moralische Konzentrationsfähigkeit«. In: Dorothee Messmer (Hrsg.). Moralische Fantasien. Aktuelle Positionen zeitgenössischer Kunst im Zusammenhang mit der Klimaerwärmung. Nürnberg 2008. 16.
11 Vgl. Robert Musil. Der Mann ohne Eigenschaften. Reinbek 1972. 16
12 Vgl. Joel Sternfeld. Oxbow Archive. Göttingen 2008.
13 Vgl. Hanno Rauterberg. Lustvolle Zerstörung. In: Die Zeit. 8. 2009. 41.

SYSTEMATISCHE IDEENGENERIERUNG IM RAHMEN BETRIEBLICHER INNOVATIONS-PROZESSE

Horst Geschka

KREATIVITÄTSTECHNIKEN – EIN INSTRUMENT IM INNOVATIONSPROZESS

Kreativität prägt Dynamik, Fortschritt und Erscheinungsformen in vielen Bereichen der Gesellschaft: in der Kunst, in der Mode, in der Architektur, im Design von Produkten, in der Wissenschaft. Auch Unternehmen setzen auf kreative Konzepte, wenn sie interne Probleme lösen oder Innovationen in Form neuer Produkte oder Dienstleistungen auf den Markt bringen.

Problemlösungen oder neue Produktideen können von einzelnen Personen kommen oder das Ergebnis von Gruppenarbeit sein. Unternehmen haben heute vielfach Innovationsprozesse installiert, für die ein regelmäßiger Input an Ideen vorgesehen ist. Dafür werden strategische Ausrichtungen bezüglich bestimmter Märkte und Zielgruppen vorgegeben.

In diesem Rahmen werden auch einzelne Ideen von Mitarbeitern, Gruppen oder Kunden aufgenommen; diese Quelle ist aber für ein zielgerichtetes Vorgehen zu zufallsbehaftet und unsicher. Hier finden Kreativitätstechniken als ein planmäßig einsetzbares Instrument Anwendung.

KREATIVITÄTSTECHNIKEN – BEGRIFF UND HERKUNFT

Als Kreativitätstechnik ist ein Satz von Denk- und Verhaltensregeln für eine Gruppe oder ein Individuum zu verstehen, die in ihrer Gesamtwirkung das Entstehen von Ideen begünstigen und anregen. Die Regeln enthalten sogenannte heuristische Prinzipien wie assoziieren, abstrahieren, Analogien bilden, kombinieren, variieren usw. Diese in den Regeln enthaltenen Prinzipien sind die eigentlichen Ideenanreger.

Kreativitätstechniken können von Individuen oder von einer Gruppe angewendet werden. Größere Bedeutung kommt den Gruppentechniken zu, da die Gruppe selbst einen stimulierenden Faktor für kreatives Denken darstellt und es dem Einzelnen meist an Disziplin fehlt, mehrere methodische Schritte alleine konsequent zu durchlaufen.

Die älteste Kreativitätstechnik ist das Brainstorming, das in den späten 1930er Jahren von Alex F. Osborn, dem Mitinhaber einer großen amerikanischen Werbeagentur, entworfen wurde. Durch Osborns Buch »Applied Imagination« (Osborn 1953), das in mehr als zwanzig Sprachen übersetzt wurde, verbreitete sich diese Methode bis in die 1960er Jahre weltweit. In Deutschland wurden 1967 erste Brainstorming-Seminare durchgeführt.

Im Laufe der Zeit wurden aufgrund der Erfahrungen mit Brainstorming, aber auch durch andere Anregungen viele weitere Kreativitätstechniken entwickelt. Dabei fand auch eine Differenzierung nach Kulturräumen (USA, deutschsprachiger Raum, Russland, Japan) sowie nach Anwendungsfeldern (Produktfindung, technische Problemlösung, Marketing, Gestaltung in Medien und von Events) statt. Heute lassen sich weltweit über 100 Kreativitätstechniken identifizieren.

Die große Zahl von Kreativitätstechniken kann nach den zugrunde liegenden ideengenerierenden Prinzipien gegliedert werden. In Abb. 1 sind dementsprechend Techniken aufgeführt, die in der deutschen Wirtschaft eine gewisse Bekanntheit erlangt haben und angewendet werden.

Techniken der freien Assoziation
- Brainstorming
- Kartenumlauftechnik
- Ringtauschtechnik
- Mindmapping

Techniken der strukturierten Assoziation
- Denkstühle nach Walt Disney
- Methode der sechs Denkhüte

Konfigurationstechniken
- Morphologisches Tableau
- Morphologische Matrix
- Attribute Listing
- SIT-Methodik

Konfrontationstechniken
- Exkursionssynektik
- Reizwortanalyse
- Visuelle Konfrontation
- Bildkarten-Brainwriting
- TRIZ-Lösungsprinzipien
- Provokationstechnik

Imaginationstechniken
- Try to become the problem
- Take a picture of the problem
- Geleitete Fantasiereise

Abb. 1: Gliederung der Kreativitätstechniken

DAS GRUNDSÄTZLICHE VORGEHEN

Kreativitätstechniken werden angewendet, um gezielt und effizient Lösungsideen für Probleme zu generieren. Sie sind also in einen Problemlösungsprozess eingebettet (vgl. Abb. 2). Beim vierstufigen offenen Problemlösungsprozess (OPM) kommen in der zweiten Stufe (Ideenfindung) Kreativitätstechniken zur Anwendung (Geschka 2006). Bei komplexen Problemen werden mehrere Problemlösungszyklen nacheinander durchlaufen, wobei in der Regel jeweils eine andere Kreativitätstechnik zum Einsatz kommen sollte (vgl. Abb. 3).

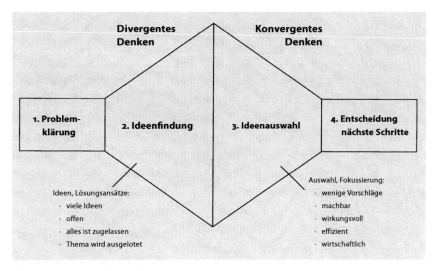

Abb. 2: Der kreative Problemlösungszyklus

Problemklärung
Auf der Stufe der Problemklärung muss der Kern des Problems herausgearbeitet werden. Bei sehr offenen Problemstellungen kann dies einen eigenen Lösungsprozess erfordern.
Für die Gruppe, aber auch für den einzelnen Problemlöser muss klar sein, was das zu Lösende ist. Ungünstig sind vage Formulierungen; es empfiehlt sich, vielmehr ziel- und lösungsorientierte Formulierungen zu erarbeiten.
Für die Arbeit in einer Gruppe dient diese Phase als Einführung in die Problemstellung. Es ist wichtig, den Mitgliedern alle grundlegenden Informationen zu geben, das Problem in einer schlüssigen Gedankenführung aufzuzeigen und ihnen eine Vorstellung der angestrebten Lösung zu vermitteln (Ergebnisvision). Der Problemsteller kann nicht davon ausgehen, dass die anderen Gruppenmitglieder sein Problem bereits differenziert kennen.

...

Ideenfindung

Die anschließende Stufe der Ideenfindung besteht aus einem breiten, uneingeschränkten Sammeln von Ideen.
Zu diesem Zweck können unterschiedliche Kreativitätstechniken eingesetzt werden.
Als Ergebnis liegt in der Regel eine große Zahl von Ideen vor.

Ideenauswahl

Die Auswahl der Ideen sollte als mehrstufiger Prozess organisiert werden. Zunächst werden die Ideen strukturiert und sodann mit Hilfe verschiedener Bewertungs- und Auswahlmethoden reduziert. Ziel der Ideenauswahl ist es, wenige viel versprechende Ideen herauszufiltern. Während des Auswahlprozesses werden die Ideen weiter präzisiert, durch zusätzliche Informationen angereichert und ausdifferenziert.

Umsetzung

In der letzten Stufe des Problemlösungszyklusses wird die Entscheidung getroffen, eine oder mehrere Lösungskonzepte weiterzuverfolgen und schließlich zu realisieren. Diese Entscheidung trifft in der Unternehmenspraxis meist nicht die Problemlösungsgruppe, sondern ein Management-Gremium.

Abb. 3: Vorgehen in den Stufen des »kreativen Problemlösungszyklus«

BESCHREIBUNG DER TECHNIKEN

Die bekanntesten Kreativitätstechniken werden im Folgenden, geordnet nach den zugrunde liegenden Prinzipien, beschrieben.

Techniken der freien Assoziation

Brainstorming ist vor allem durch die wechselseitige freie Assoziation in der Gruppe gekennzeichnet (Osborn 1953). Dabei sind folgende Grundregeln zu beachten:
- Jegliche Kritik der vorgebrachten Ideen ist zu unterlassen.
- Auch verrückte Ideen sollen geäußert werden; sie regen an und lockern auf.
- Möglichst viele Ideen sind zusammenzutragen; das Suchfeld soll erschöpfend ausgelotet werden.
- Geäußerte Ideen dienen als Anregung und werden weiterentwickelt.

Diese Regeln gelten generell für alle Kreativitätstechniken. Somit kann Brainstorming als die Basismethode der Kreativitätstechniken angesehen werden.

Eine Brainstorming-Sitzung wird in einer Gruppe von fünf bis acht Teilnehmern praktiziert und sollte nicht länger als eine halbe Stunde dauern.

Brainwriting-Techniken wurden als Alternative zum Brainstorming von deutschen Autoren (Geschka, Schaude, Schlicksupp 1971) entwickelt. Das Sprechen wird bei diesen Techniken durch Schreiben ersetzt. Die wechselseitige Anregung wird durch das Austauschen der beschriebenen Blätter oder Karten ermöglicht. Durch den Einsatz unterschiedlicher Blattformate und Austauschmechanismen sind im Laufe der Zeit verschiedene Brainwriting-Techniken entstanden. Beispiele für diese Techniken sind die Ringtausch- und die Kartenumlauftechnik.

Bei der Ringtauschtechnik werden A4-Blätter in drei Spalten geteilt und jeder Teilnehmer schreibt jeweils eine Idee in jede der drei Spalten. Nach ca. fünf Minuten werden die Blätter weitergereicht und der Nächste entwickelt die Ideen weiter und schreibt seine Ideen spaltenweise unter die Ideen des Vorgängers (Rohrbach 1969).

Bei der Kartenumlauftechnik schreibt jeder Teilnehmer zunächst seine Ideen auf jeweils eine Pinnkarte und legt sie dem Nachbarn hin. Zur Anregung werden die Karten des Nachbarn aufgegriffen. Alle Teilnehmer geben ihre Karten in die gleiche Richtung weiter. In dieser Phase sollte nicht gesprochen werden. In ca. 20 Minuten werden so von einer 6er-Gruppe ca. 50 bis 70 Ideen generiert. Diese werden nach Lösungsrichtungen gruppiert und identische Ideen werden zusammengefasst. Danach folgt eine erste spontane Bewertung durch Punktekleben. Durch dieses Vorgehen kristallisieren sich die aussichtsreichsten Vorschläge schnell heraus.

Beim Mindmapping wird während der Ideengenerierung gleichzeitig eine baumartige Struktur aufgebaut (Buzan 1986). Durch die bildhafte und organische Visualisierung der Ideen und den Einsatz von Begriffen, Bildern, Zahlen, Symbolen und Farben stellt sich das Lösungsfeld neu dar. Alle weiteren Ideen werden in die entstehende Struktur eingefügt.

Techniken der strukturierten Assoziation

Der kreative Lösungsprozess verläuft bei den Techniken der strukturierten Assoziation nach vorgegebenen Strukturen. Ziel ist es, ein Thema aus unterschiedlichen Denkrichtungen zu betrachten. Die Problemlösungsfähigkeit wird erweitert, indem nacheinander bestimmte Denkhaltungen eingenommen werden. Das entstehende parallele Denken, bei dem alle Teilnehmer einer Gruppe gleichzeitig eine bestimmte Sicht zur Aufgabenstellung einnehmen, ist effizienter als kontroverses Argumentieren. Positive und negative Aspekte finden in diesen

Techniken ebenso ihren Raum wie rationale und emotionale Betrachtungen. Sie werden mit diesen Techniken in eine Struktur gebracht und nehmen keinen ungesteuerten Verlauf.

Die Walt Disney Methode der Denkstühle entstand aus dem Vorgehen Walt Disneys bei der Ausarbeitung neuer Projekte. Jeder Stuhl repräsentiert eine Denkhaltung (Träumer, Macher, Kritiker), die nacheinander eingenommen wird (Hornung 1996).

Die 6-Hüte-Methode (De Bono 1985) symbolisiert die Struktur der Denkhaltung durch Hüte in unterschiedlichen Farben:

- Weißer Hut: Zahlen, Daten, Fakten
- Roter Hut: emotionale und intuitive Reaktionen
- Schwarzer Hut: Gefahren, Schwierigkeiten, Probleme
- Gelber Hut: Vorteile, Nutzen, positive Aspekte
- Grüner Hut: kreative Gedanken, Ideen, Alternativen
- Blauer Hut: Koordination, Moderation, Schlussfolgerungen

Die Denkhaltungen werden von einer Gruppe gleichzeitig eingenommen (paralleles Denken). Alle Wortmeldungen werden unter dem jeweiligen »Hut« protokolliert. Eine klare Trennung zwischen den »Hüten« ist wichtig.

Konfigurationstechniken

Als Konfigurationstechniken werden Kreativitätstechniken zusammengefasst, die neue Lösungen dadurch erzeugen, dass Lösungselemente in einem neuen Zusammenhang kombiniert werden.

Das Morphologische Tableau (Morphologischer Kasten) ist die bekannteste Methode der Morphologie (Zwicky 1966). Die grundlegenden Elemente oder Teilprobleme des Gesamtproblems (Parameter) werden herausgearbeitet und in der ersten Spalte einer Tabelle abgetragen. Die identifizierten Parameter müssen voneinander unabhängig sein; die Ausprägung eines Parameters darf also die eines anderen nicht bedingen, wie das beispielsweise bei Material und Oberflächenstruktur der Fall sein kann. Für die einzelnen Parameter werden Ausprägungen (mögliche Lösungen) zeilenweise aufgelistet; dabei soll man sich nicht am Teilaspekt (Parameter), sondern am Gesamtproblem orientieren. Durch Kombination der Parameterausprägungen werden Lösungsmöglichkeiten für das Gesamtproblem gebildet (vgl. Abb. 4).

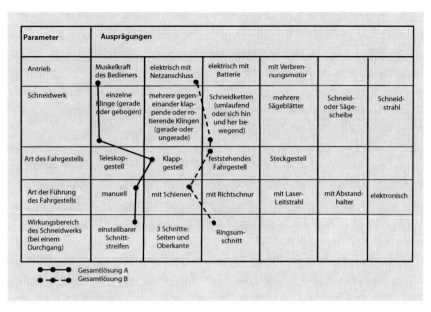

Abb. 4: Beispiel eines Morphologischen Tableaus: Fahrbarer Heckenschneider

Die Identifikation der relevanten Parameter des Gesamtproblems ist für die Entwicklung neuartiger Lösungen entscheidend. Stellt sich bei der Bearbeitung eines einzelnen Parameters heraus, dass er keine Variationen ermöglicht, abhängig von anderen Parametern ist oder eine Anforderung darstellt, so ist er zu eliminieren.

Die Morphologische Matrix setzt die beiden wichtigsten Parameter der Problemstellung in einer Matrix zueinander in Beziehung. Kern dieser Methode ist die Konfrontation der Parameterausprägungen und deren kreative Interpretation.

Beim Attribute Listing fungieren nicht die grundlegenden Elemente des Problems, sondern seine leicht veränderlichen Merkmale als Parameter. In einer Tabelle werden die Ist-Zustände dieser Merkmale beschrieben und dann Variationen aufgelistet; so entstehen Anregungen für Verbesserungen oder Varianten.

Konfrontationstechniken

Die Konfrontationstechniken nutzen Funktions- und Strukturprinzipien aus problemfremden Bereichen zur Ideenanregung. Die Problemlöser werden dabei durch externe Objekte oder Vorgänge zunächst aus dem Problemfeld herausgeführt und übertragen dann problemfremde Prinzipien auf die Problemstellung. Dabei entstehen Ideen unterschiedlichster Radikalität und auf sehr verschiedenen Betrachtungsebenen; auch reine Forderungen oder Hinweise werden angeregt.

Bei allen Varianten dieser Techniken schließt sich an die Problemklärung ein kurzes Brainstorming oder Brainwriting an, bei dem spontane Lösungsideen festgehalten werden. Dieser methodische Schritt dient dazu, die Köpfe der Teilnehmer von bekannten Ideen frei zu machen. Erst nach dieser Abladephase werden Konfrontationselemente in Form von Bildern, Worten oder technischen Prinzipien zur Anregung eingebracht.

Die Exkursionssynektik ist ein Element der synektischen Problemlösungsstrategie (Gordon 1961; Prince 1970). Um neuartige Lösungen zu entwickeln, werden in mehreren Stufen Analogien zum Problem gebildet. Diese werden mit dem Problem konfrontiert und daraus werden Lösungsideen abgeleitet.

Die Reizwortanalyse nutzt gegenständliche problemfremde Begriffe als Konfrontationselemente. Die inhärenten Prinzipien, Strukturen und Funktionen der Begriffe werden herausgearbeitet und dienen als Anregung für spontane Lösungsideen. Die Begriffe können nach dem Zufallsprinzip in der Gruppe gesammelt oder willkürlich einem Buch entnommen werden.

Die Visuelle Konfrontation nutzt Bilder als Konfrontationselemente. Diese Bilder werden in Form von Karten oder Projektionen analysiert (Geschka 1993).

Die Visuelle Konfrontation nutzt neben der Konfrontation auch die verbale wechselseitige Assoziation in der Gruppe. Nach der Abladephase werden den Teilnehmern zunächst vier bis fünf Bilder gezeigt, die ausschließlich der Entspannung und Verfremdung dienen. Der Einsatz von Entspannungsmusik unterstützt diesen Vorgang. Aus den folgenden Bildern aus unterschiedlichen Bereichen werden in der Gruppe Lösungsansätze angeregt.

Beim Bildkarten-Brainwriting können Entspannungs- bzw. Verfremdungstechniken eingesetzt werden, bevor zur Anregung neuer Lösungsideen jeder Teilnehmer sieben bis acht Bildkarten auswertet und seine Ideen auf Karten festhält. Nach etwa 20 Minuten werden die Ideenkarten im Kreis weitergereicht. Abschließend werden die Ideen strukturiert und bewertet.

Die 40 TRIZ-Lösungsprinzipien (TRIZ = teorija reshenija izobetratjelskich zadacz; deutsch: Theorie zur Lösung von Erfindungsaufgaben) werden zur Lösung technischer Erfindungsaufgaben als Konfrontationselemente eingesetzt (Altschuller 1984).

Bei der Provokationstechnik erfolgt die Konfrontation durch Annahmen oder Thesen, die absichtlich wirklichkeitsfremd gewählt werden und daher provozierend wirken. Ein Beispiel für eine solche Provokation ist: Polizisten haben sechs Augen (Novak 2001).

Imaginationstechniken

Das zentrale Element der Imaginationstechniken ist die bildhafte Vorstellung. Sie erlaubt es dem Problemlöser, auch nicht realisierbare Erfahrungen in die Lösungsfindung einzubringen. Die Imaginationstechniken sind in Deutschland wenig verbreitet. Bei der Methode »Try to become the problem« (Van Gundy 1981) versetzt sich der Problemlöser in die Problemsituation und wird gleichsam das Subjekt des Problems: »Was erlebe ich in der Problemsituation?« Die intuitive Auseinandersetzung mit dem Problemfeld führt zu einem vertieften Problemverständnis, aus dem dann neue Lösungsideen entstehen.

Die Technik »Take a picture of the problem« analysiert das Problem wie durch den Sucher einer Kamera (Van Gundy 1981). Verschiedene Problemelemente können fokussiert und aus verschiedenen Perspektiven betrachtet werden. Die »Beobachtungen« des Problemlösers schärfen das Verständnis für die Zusammenhänge und führen zu neuen Lösungsansätzen.

Die geleitete Fantasiereise soll helfen, Stress abzubauen, ein inneres Gleichgewicht herzustellen und Fantasie und Kreativität zu fördern. Ein Moderator führt durch einen individuellen Gedankenfluss, bei dem bei den Teilnehmern innere Geschichten und Bilder angeregt werden. Diese Bilder sollen zu Problemlösungen anregen (Martin, Henry 1991).

ORGANISATION UND DURCHFÜHRUNG VON KREATIVSITZUNGEN

Auswahl einer geeigneten Kreativitätstechnik

Die Anwendung von Kreativitätstechniken kommt besonders dann infrage, wenn schlecht strukturierte Aufgabenstellungen vorliegen, Ergebnisse gesucht werden, die sich nur qualitativ beschreiben lassen, und/oder hohe Anforderungen an die Originalität gestellt werden.

Welche Kreativitätstechnik im konkreten Fall anzuwenden ist, hängt von verschiedenen Faktoren ab – vor allem von der Art des Problems, aber auch von der Situation sowie von der Zielsetzung und den Gewohnheiten und Präferenzen der Anwender.

Auswahl der Gruppe

Gezielte Ideenfindung wird in der Regel in Gruppensitzungen durchgeführt. Die optimale Gruppengröße liegt bei sechs bis acht Teilnehmern; darunter ist ein

Moderator, ein Problemsteller und evtl. ein Protokollant, der am Flipchart oder auf Karten mitschreibt.

Bei der Gruppenauswahl sollte vorzugsweise auf Mitarbeiter zurückgegriffen werden, die mit dem Thema vertraut sind, aber aus verschiedenen betrieblichen Funktionen kommen oder unterschiedliche Ausbildungen haben. So können für die technische Konkretisierung eines Innovationskonzepts Vertreter der Produktentwicklung, der Vorentwicklung, des strategischen Marketings, der Fertigungsplanung und der Unternehmensentwicklung zusammen kommen; auch Anwender oder Betroffene (Kunden) sollten vertreten sein. Außerdem ist es immer belebend, wenn ein ausgesprochen kreativer Kopf – ein Spinner – dabei ist.

DURCHFÜHRUNG EINER KREATIVSITZUNG

Für eine effiziente Ideenfindung mit Kreativitätstechniken ist eine offene und konstruktive Kommunikation eine wichtige Voraussetzung. Die Brainstorming-Regeln gelten für alle Techniken, es sei denn, spezielle Regeln einer Technik setzen sie außer Kraft.

Jede Idee besteht aus einem Spektrum positiver und negativer Aspekte. Wir tendieren dazu, voreilig die negativen Punkte aufzugreifen und die Idee zu verwerfen. Nach der Spektrum-Philosophie sollen zuerst die positiven Aspekte einer Idee bewusst herausgestellt und assoziativ weiterentwickelt werden. Die negativen Aspekte werden nicht unterdrückt, sondern als Herausforderungen interpretiert.

Eine Kreativ-Sitzung, bei der nur eine Methode zur Anwendung kommt, kann je nach Methode und Komplexität ein bis zwei Stunden dauern. Die eigentliche Ideenfindungsphase dauert dabei meistens nur 20 bis 40 Minuten.

Einen typischen Ideenfluss in einer Brainstorming-Sitzung im Zeitablauf zeigt Abb. 5. Es sind zwei Phasen zu erkennen: In den ersten etwa zehn Minuten ist die Ideendichte hoch. Es werden vorhandene oder nahe liegende Ideen abgeladen. Untersuchungen zeigen, dass in dieser Abladephase nur in geringem Umfang wechselseitige Anregungen erfolgen: Man trägt hauptsächlich eigene Gedanken vor und geht kaum aufeinander ein. In der zweiten Phase lässt der Ideenfluss deutlich nach: es treten längere Pausen ein. Es kommt zu Schüben von Ideen, die zu einem großen Teil assoziativ miteinander verbunden sind. Da es jetzt schwer fällt, selbst Ideen zu bilden, greift man die von Anderen geäußerten Ideen gerne auf und entwickelt sie weiter. In dieser Phase werden mehr originelle Ideen generiert als in der Abladephase.

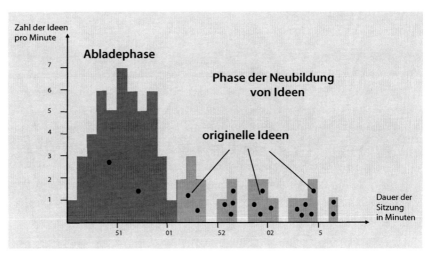

Abb.5: Typischer Ideenfluss in einer Brainstorming-Sitzung

Vielfach wird in der Praxis der Fehler gemacht, eine Sitzung bereits nach der ersten längeren Pause abzubrechen mit der Anmerkung: »Wir haben ja schon viele Ideen, jetzt kommt wohl nichts mehr!« Keiner widerspricht, da das Ideenentwickeln jetzt schwer fällt und die Aufforderung zum Abbruch erlösend empfunden wird. Dieses Verhalten beendet die Gruppenarbeit vor der produktivsten Phase, vergibt kreatives Potenzial.

Es gilt also, die Ideenfindung zu »überdehnen«. Die Amerikaner nennen dieses Weitertreiben der Ideenfindung über die flüssige Ideengenerierung hinaus Stretching. Dieses Stretching sollte bei allen Kreativitätstechniken gepflegt werden. Das Stretching wird hauptsächlich vom Moderator getragen. Er fragt nach weiteren Ideen, bringt neue Gesichtspunkte ein oder greift frühere Ideen wieder auf; er fordert die Gruppe immer wieder auf, über weitere Ideen nachzudenken – so lange, bis der Prozess holprig und quälend wird.
Bei einigen Methoden ist das Stretching Teil des methodischen Ablaufs: Bei den Konfrontationstechniken werden weitere Objekte (Reizworte, Reizbilder) so lange konfrontiert, bis nur noch Wiederholungen produziert werden oder der Ideenfluss gänzlich zum Erliegen kommt. Bei der Ringtauschtechnik wird der Austausch über den Punkt der flüssigen Ideenproduktion hinaus fortgeführt.

PROTOKOLLIERUNG

Die Mitschrift ist ein wesentliches Element von Kreativitätssitzungen. Ungeschicktes Protokollieren kann sich sowohl auf die Motivation der Teilnehmer als auch auf die Auswertung negativ auswirken. Folgende Punkte sind zu beachten:

- Das Protokoll ist öffentlich zu führen, d.h., alle Ideen werden am Flipchart mitgeschrieben, in Form von Karten sichtbar gemacht oder mit Laptop und Beamer visualisiert. Dies gilt auch für die Phase der Problemklärung und für die Bewertung (z.B. bei der Zusammenstellung von Kriterien).
- Bei der Niederschrift von Ideen können sich durch die Verkürzung oder durch falsche Interpretation Missverständnisse oder inhaltsleere Verallgemeinerungen einschleichen. Der Moderator sollte durch Blickkontakt mit dem Ideennenner Zustimmung zu seiner Formulierung einholen und gegebenenfalls Nachbesserungen vornehmen.
- Bei der gebotenen Verkürzung neigt man dazu, die Idee in einem Oberbegriff zusammenzufassen. Hierbei besteht die Gefahr, dass der originelle Kern der Idee verloren geht. Die stichwortartige Protokollierung darf nicht zulasten der konkreten Ideenkennzeichnung führen.
- Der Moderator oder Protokollant muss alles mitschreiben: er darf nicht als Filter oder Bewerter fungieren.

KREATIV-WORKSHOPS

Nur selten lässt sich eine Problemstellung des Innovationsmanagements mit einer Sitzung abschließend bearbeiten. Für komplexere Aufgaben bieten sich deshalb Kreativ-Workshops an. In ein oder zwei Tagen können konzentriert mehrere Problemlösungszyklen durchlaufen werden; in der Innovationsbearbeitung wird ein Fortschrittssprung erreicht. Für einen Workshop kann der Teilnehmerkreis problembezogen ausgewählt werden; auch externe Experten können hinzugezogen werden. Als Ergebnis eines Workshops sind einige wenige Lösungskonzepte herauszuarbeiten; für diese sollte ein Aktionsplan für die nächsten Wochen aufgestellt werden (Geschka 1987).

LITERATUR

Altschuller, Genrich S.: Erfinden. Wege zur Lösung technischer Probleme, Berlin et al. 1984.

Buzan, Tony: Kopftraining. Anleitung zum kreativen Denken. Tests und Übungen, 3. Auflage, München et al. 1986.

De Bono, Edward: Six Thinking Hats, Toronto 1985.

Geschka, Horst / Schaude, Götz / Schlicksupp, Helmut: Methoden und Organisation der Ideenfindung in der Industrie, Frankfurt 1971.

Geschka, Horst: Kreativ-Workshops, in: Der Innovationsberater, hrsg. v. Löhn, Johann, Freiburg 1987, S. 4/1141–4/1154.

Geschka, Horst: Visual Confrontation. Developing Ideas from Pictures, in: Creativity and Innovation. The Power of Synergy. Proceedings of the Fourth European Conference on Creativity and Innovation, hrsg. v. Geschka, Horst/ Moger, Susan/ Rickards, Tudor, Darmstadt 1993, S. 151–157.

Geschka, Horst: Kreativitätstechniken und Methoden der Ideenbewertung, in: Innovationskultur und Ideenmanagement, hrsg. v. Sommerlatte, Tom / Beyer, Georg / Seidel, Gerrit, Düsseldorf 2006, S. 217–249.

Gordon, William J.J.: Synectics, New York et al. 1961.

Hornung, Artur: Kreativitätstechniken, Köln 1996.

Martin, John N.T. / Henry, Jane: Problem Solving by Manipulation of Imagery, in: Creativity and Innovation. Learning from Practice, hrsg. v. Rickards, Tudor et al., Delft. Innovation Consulting Group TNO 1991, S. 183–188.

Novak, Andreas: Schöpferisch mit System. Kreativitätstechniken nach Edward de Bono, Heidelberg et al. 2001.

Osborn, Alex F.: Applied Imagination, New York 1953.

Prince, George M.: The Practice of Creativity, New York et al. 1970.

Rohrbach, Bernd: Kreativ nach Regeln. Methode 635, in: Absatzwirtschaft, Jg. 19, H. 12, 1969, S. 73–76.

Van Gundy, Arthur: Techniques of Structured Problem Solving, New York et al. 1981.

Zwicky, Fritz: Entdecken, Erfinden, Forschen im morphologischen Weltbild, München et al. 1966.

WIE ENTSTEHEN INNOVATIONEN IM UNTERNEHMEN?

Beispiel : GROHE AG

Eckhard Gransow

EINLEITUNG

Betrachtet man die gegenständliche Welt, so scheint es auf den ersten Blick einfach, die Gegenstände den einzelnen Bereichen zuzuordnen, das Bild ist Kunst, der Stuhl ein Industrieprodukt. Aber bei dem Meißener Porzellan wird die Differenzierung schwieriger, denn neben dem Gebrauchsgeschirr, welches in hohen Stückzahlen produziert wird, gibt es kunsthandwerkliche Manufakturware und Einzelstücke mit hohem künstlerischem Anspruch. Ein fließender Übergang findet sich ebenso bei den Grafiken und Videos. Diese Auflistung lässt sich beliebig erweitern und durch sprachliche Definitionen abgrenzen. Gemeinsam ist allen ein schöpferischer Prozess, bei dem die Motivation des kreativen Menschen und das gesellschaftliche Umfeld entscheidend sind, ob es sich um Kunst, Kunsthandwerk oder ein Industrieprodukt handelt.

Der schöpferische Prozess hat sich historisch in den einzelnen Bereichen unterschiedlich weiterentwickelt. Das künstlerische Gestalten ist eine der wesentlichen Eigenschaften des Menschen überhaupt, denn seit den Anfängen der Menschwerdung ist Kunst zugleich der Prozess des künstlerischen Schaffens, dessen Ergebnis das Kunstwerk ist. Dazu sagte Joseph Beuys »Jeder Mensch ist ein Künstler«. Aus der Bildenden Kunst mit den Gattungen Malerei, Grafik, Bildhauerei und Architektur entstand seit dem 19. Jahrhundert ein Kunstgewerbe. Dieses umfasst die handwerkliche oder maschinelle Herstellung von Gebrauchsgegenständen mit künstlerischem Anspruch. Im 19. Jahrhundert wurden erstmals Gewerbe-Museen, Kunstgewerbe-Museen und Kunstgewerbeschulen gegründet, um Anschauungsbeispiele für künstlerisch gestaltete Gebrauchsgegenstände zu sammeln und zu präsentieren. Hier sollte vor allem die handwerkliche Ausbildung und Schulung vorangetrieben werden. Zu den bekanntesten Schulen der angewandten Kunst zählt das Bauhaus. Es bestand von 1919–1933 und gilt weltweit als Heimstätte der Avantgarde der Klassischen Moderne auf allen Gebieten der freien und angewandten Kunst und als Keimzelle des Produktdesigns.

Das Produktdesign, auch Industriedesign genannt, befasst sich mit den Produkten, die uns umgeben. Dabei werden im Allgemeinen zwei Produkt-Kategorien unterschieden: Konsum- sowie Investitionsgüter. Für beide gilt: Der Designer bekommt von einem Hersteller den Auftrag, ein Produkt neu zu gestalten, oder er stellt sich selbst eine Aufgabe, deren Ergebnis er dann später einem Hersteller anbietet. Grundlegende Anforderung, die der Industriedesigner bei seiner Arbeit berücksichtigen muss, ist die Umsetzbarkeit seines Entwurfs in einen industriellen Fertigungsprozess. Er ist nicht Gestalter von Unikaten, sondern von Produkten, die in einer seriellen (Massen)-Produktion hergestellt werden. Die Methoden für die Gestaltung von Industrieprodukten wurden in den letzten 60 Jahren intensiv erforscht, beschrieben und gelehrt, mit der Zielsetzung, dem Kunden ein ästhetisches, funktionales, kostengünstiges, langlebiges und hochwertiges Produkt zur Verfügung zu stellen. Das Industrieunternehmen sollte durch eine risikominimierte Entwicklung und Produktion ein verkaufsfähiges Produkt erhalten, sodass neben der Rückzahlung der Investitionen durch den Verkauf der Produkte ein ausreichender Gewinn für das Unternehmen erzielt werden kann.

GROHE AG

Die Grohe AG ist Europas größter und mit rund acht Prozent Marktanteil weltweit führender Hersteller von Sanitärarmaturen. Als Weltmarke für sanitärtechnische Produkte und Systeme legt Grohe größten Wert auf die perfekte und individuelle Wasserdarbietung bei einer extrem langen Lebensdauer der Produkte.

Das Unternehmen mit Hauptsitz in Hemer und Corporate Center in Düsseldorf beschäftigt weltweit rund 5.000 Mitarbeiter, davon 2.300 in Deutschland. Im Jahr 2008 hat GROHE einen Umsatz in Höhe von 1.01 Milliarden Euro erzielt. Es vßerfügt über sechs Produktionsstandorte, drei davon befinden sich im Ausland, in Portugal, Kanada und Thailand.

Grohe Brausen und Armaturen verbinden den effizienten Einsatz von Wasser mit überlegener Qualität, innovativer Technik und nachhaltigem Design. Das garantiert den Kunden einen lang anhaltenden Genuss am Umgang mit Wasser. Die Produktpalette umfasst Badarmaturen, Küchenarmaturen, Brausen, Thermostate, Accessoires und Sanitär Systeme. Grohe Produkte zeichnen sich durch Langlebigkeit aus, wie manche in der Wand installierten Armaturen beweisen, die aufgrund Ihrer Qualität nach mehr als 30 Jahren noch funktionsfähig sind. Auf der anderen Seite sind Handbrausen schnelllebige Produkte, die der Endkunde selber austauschen kann. Diese Produkte müssen im attraktiven Design, in hoher Qualität und mit wettbewerbsfähigen Herstellkosten nach kurzen Entwicklungszeiten vermarktbar sein. Die innovative Technik ist das Ergebnis der intensiven Forschungs- und Entwicklungsaktivitäten, damit die Produkte alle weltweit höchsten Standards übertreffen. Aufwendige Funktions-, Material- und Lebensdauertests sind fester Bestandteil im Entwicklungsprozess. Design ist ein Grundpfeiler der Grohe Strategie: eine perfekte Balance aus ausgezeichneter Technik, Qualität und Design herzustellen. Mit einer leichten Verständlichkeit von der Verpackung bis hin zum ersten Kontakt des Käufers mit dem Produkt wird sichergestellt, dass der Zugang und die Verwendung so einfach wie möglich sind. Die Orientierung am Menschen schafft eine Verbindung zum Kunden, die ihn über eine lange Zeit begleitet. Die Produkte müssen deshalb einladend und zugänglich sein und den Umgang mit ihnen erleichtern. Die Produkte sollen nicht nur schön aussehen, sondern auch perfekt funktionieren.

INNOVATIONSPROZESS BEI GROHE

Hier stellt sich die Frage, warum benötigt ein Unternehmen überhaupt einen Produktentwicklungsprozess? Damit die gesetzten Unternehmensziele wie Umsatz- und Gewinnsteigerung überhaupt in einem Unternehmen umgesetzt werden können, wird ein Prozessmodell benötigt. Nur so kann die Unternehmensleistung in einem Umfeld aus wirtschaftlichen, technischen, gesellschaftlichen und ökologischen Anforderungen in verkaufsfähige Produktleistungen umgesetzt werden. Dieses Ergebnis sollte außerdem kundenorientiert, qualitativ hochwertig und gleichzeitig kosten- und zeiteffizient gestaltet sein. Eines der wichtigsten Kriterien für die Effizienz des Innovationsprozesses ist die benötigte Zeit bis zur Markteinführung des Produktes. Time-to-Market war immer wichtig, ist aber noch wichtiger geworden, und es haben sich zusätzlich noch die Innovationszyklen verkürzt. Denn gerade bei den kurzlebigen Designtrends entscheidet der rechtzeitige Markteinführungstermin wesentlich über den Erfolg eines Produktes.

Der Innovationsprozess ist das organisatorische Rückgrat im Unternehmen, damit die Mitarbeiter aus den unterschiedlichen Fachbereichen, Werken, Dienstleistungsunternehmen und Lieferanten effektiv und effizient in den Projekten arbeiten. Die neuen erfolgreichen Produkte entstehen durch kreative Menschen und durch eine anregende Umgebung mit einem hohen Informationsaustausch, ohne räumliche und zwischenmenschliche Barrieren, damit an der gemeinsamen Zielsetzung gearbeitet werden kann. Ein weiterer wichtiger Bestandteil des Innovationsprozesses liegt darin, die Mitarbeiter für neue Ideen und Innovation zu begeistern und dass ein gewisser Freiraum im Arbeitsalltag vorhanden ist. Der Innovationsprozess ist unterteilt in die 4 Phasen: Projektstudie, Vorprojekte, Serienentwicklung, Nachbearbeitung und gegliedert in Meilensteine und Gates. Über insgesamt 9 Meilensteine wird die Durchführung von Entwicklungsprojekten von der Produktidee über das Lasten- und Pflichtenheft, Produktqualifikation und Serienfreigabe bis zum Projektabschluss gesteuert. Hierfür sind verschiedene Lenkungsgremien tätig.

Begrenzte Personal-, Material- und Finanz-Ressourcen zwingen dazu, nur die Projekte zu realisieren, die der Markt wirklich benötigt. Kriterien wie die Relevanz für die strategische Planung, Wirtschaftlichkeit, Realisierungswahrscheinlichkeit des Projektes, gesetzliche Auflagen usw. werden dabei berücksichtigt. Die Effektivität des Innovationsprozesses wird durch das Portfolio-Management, Projektmanagement und Projekt-Controlling erreicht, indem die Abläufe geplant, kontrolliert und dokumentiert werden. Bei jedem Meilenstein muss ein bestimmtes Ergebnis vorliegen, sonst wird die nächste Phase nicht freigegeben und es muss nachgearbeitet werden. Die Vorgehensmodelle für den Innovationsprozess bieten ein Muster für die einzelnen Schritte. Die Produktentwicklung lässt sich auch als Quelle für die strategische Entwicklung, Innovationen und neue Geschäfts-

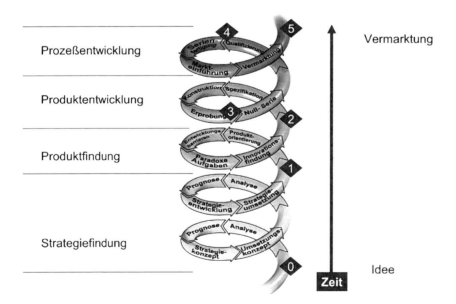

Abb. 1: Helixmodell des Innovationsprozesses (Grohe)

felder betrachten. Insbesondere die rasante Technologieentwicklung, die steigende Komplexität von Prozessen und Produkten und das Interesse an Nachhaltigkeit und Umweltbewusstsein erfordern andere Vorgehensmodelle. In der Literatur sind viele Typen von Problemlösungsmodellen beschrieben, vom Konstruktions- bis zum Entwicklungsprozess und dem V-Modell. Die prinzipiellen Unterschiede liegen in der sequenziellen, flexiblen oder zyklischen Vorgehensweise. Die zukünftigen Herausforderungen lassen sich mit zyklischen Vorgehensmodellen eindeutiger darstellen, sodass Ideenfindung, strategische Entscheidungen und andere für den Erfolg wesentliche Aspekte besser unterstützt werden. Mit dem Helix-Modell haben wir einen Ansatz für die Kombination vom sequenziellen und zyklischen Ablauf gefunden. Es lassen sich sowohl die einzeln Gates, als auch der iterative Prozess in der Strategie- und Produktfindung visualisieren.

Gerade bei den Vorentwicklungsprojekten stellen wir uns heute die Frage: »Warum glauben wir, dass in 10 Jahren der Kunde dieses Produkt kaufen wird?« Deshalb entwickelt Grohe die Prozesse ständig weiter, damit wir die Klärung der Zukunftsfragen systematisch vorantreiben und den Projektfortschritt kontrollieren. Ohne die Anwendung von definierten Vorgehensweisen besteht die Gefahr, dass Risiken übersehen und Potenziale falsch eingeschätzt werden.

SZENARIOTECHNIK

Szenariotechnik stellt ein vergleichbar sicheres, wie starkes Werkzeug dar, die möglichen Entwicklungen der Zukunft vorauszudenken. Dabei geht es nicht wie in einer klassischen Trendprognose um die konkrete Vorhersage einer Zukunft, sondern um das Aufzeigen mehrerer möglicher zukünftiger Entwicklungen. Die Szenariotechnik bietet einen Kompromiss zwischen einer weiten Vorschau und einer Sicherheit in der Vorhersage, die allerdings mit einem gewissen Prozess-Aufwand einhergeht. Kurzfristiger orientierte Methoden, wie Trendanalysen haben ihre Stärken eher im zeitlich nahen Bereich und können Störereignisse nicht berücksichtigen, da sie von kontinuierlichen Entwicklungen ausgehen. Die Szenariotechnik wird deshalb häufig in komplexeren, strategischen Prozessen eingesetzt, in denen es gilt, sichere mittel- bis langfristige Perspektiven aufzuzeigen. Die Methode ist ein Kommunikationsmittel und Grundlage für den Start der Vorprojekte im Innovationsprozess.
Über den kompletten Projektzeitraum von 26 Monaten arbeiteten insgesamt rund 30 Personen aus den unterschiedlichsten Bereichen der Grohe AG gemeinsam mit externen Experten an dem Projekt »Visions of Water 2020«. Die gewollt

interdisziplinäre Ausrichtung stellte dabei ein wesentliches Merkmal für den Erfolg des Projektes dar. Denn das Szenario als gemeinsames Bild der Zukunft bildete für die Beteiligten eine Kommunikationsgrundlage über die zukünftige Unternehmens- und Produktgestaltung. Durch die interdisziplinäre Mischung des Projektteams wurde darüber hinaus erreicht, dass die Fachkenntnis des Einzelnen nicht zu einer zu starken Detailverliebtheit führte, sondern die gemeinsame Gruppenarbeit eine ideale Ergänzung der einzelnen Fachgebiete darstellte. Hierbei wurden bewusst vorhandene Kommunikationsschranken durchbrochen, mit dem Bestreben, den Horizont des Teams und damit auch jedes Teilnehmers zu erweitern. Für die langfristige Produktplanung wurde ein Zeitrahmen von 10 Jahren angesetzt, um mit den verschiedenen Methoden, wie Szenariotechnik, Roadmapping und Portfoliotechnik, die für das Unternehmen strategisch richtigen Produkte und Technologien zu finden. Für das Projekt »Visions of Water« war die Fragestellung: »Wie verändert sich global die Wohnwelt bis 2020 und welche Konsequenzen hat dies für das Badezimmer, die Sanitärarmaturen und für die GROHE AG?« Denkbar ist eine komplette Durchdringung des Badezimmers mit elektronischen bisher unbekannten Funktionen, oder eine Hinwendung zu mehr Komfort, Genuss und persönlicher Körperkultur. Eine andere mögliche Entwicklung ist ein weltweiter Mangel an Trinkwasser mit weit reichenden Folgen für die gesamte Trinkwasser- und Abwasserversorgung. Denn wenn kein Trinkwasser mehr durch die Rohrleitungen fließt, werden sich die Armaturen durch andere Funktionen auszeichnen, oder wenn Materialien aufgrund der Kosten oder einer geänderten Gesetzgebung nicht mehr für die Sanitärarmaturen verwendet werden dürfen, wird dies auch Einfluss auf das Unternehmen haben.

Aufgrund der vielen Faktoren, die unsere Zukunft mehr oder weniger verändern, wurden die Faktoren strukturiert gebündelt. Das globale Umfeld bildet die äußere Hülle aus externen, vom Unternehmen nicht lenkbaren Umfeldgrößen. Diese Hülle lässt sich unterteilen in die 4 Bereiche: Politik, Gesellschaft, Ökonomie und Umwelt. Der innere Kreis des Betrachtungsobjektes »Bad« wird durch das Badumfeld beschrieben, bestehend aus den 5 Bereichen: Raumarchitektur, Sanitärbranche, Vertrieb und Installation, Wasser und dem Badbenutzer. Die Faktoren des Badumfeldes sind für das Unternehmen GROHE die strategisch entscheidenden Variablen, da hier mit gezielten langfristigen Maßnahmen agiert und reagiert werden kann.

Das Ergebnis sind vier sich abgrenzende Umfeldszenarien: die innovationsorientierte Wohlstandsgesellschaft, die genussorientierte Wohlstandsgesellschaft, die reife Wohlstandsgesellschaft und die egoistische Stagnationsgesellschaft. Auch bei den vier Badszenarien: das intelligente Lifestyle Bad, die sinnliche Badkultur, der puristische Wassertempel und das individuelle Massenbad sind die inhaltliche Nähe und Distanz der Ausprägungen erkennbar, wodurch sich die thematische Verwandtschaft und Fremdheit der möglichen Zukünfte erkennen lassen. Anhand der Projektionsbeschreibungen wurden die Szenarien zu Texten zusammengefasst, die danach mit spezifischen Bildern visualisiert wurden. Für die Prognose der Eintrittswahrscheinlichkeit der ausgewählten Umfeldszenarien wurden wenige Indikatoren herausgefunden, um in einem mehrjährigen Beobachtungszeitraum den Trend zu bewerten.

Damit zum richtigen Zeitpunkt die nachgefragten Produkte vorhanden sind, muss das Unternehmen seine Zielgruppen kennen und wissen, in welche Richtung sie sich entwickeln. Bedingt durch soziale Megatrends, wie neue Arbeitsformen, Immigration von Zuwanderern, Alterung der Gesellschaft usw. wird sich unser gesellschaftliches Gefüge bis zum Jahr 2020 deutlich ändern und somit neue Zielgruppen mit anderen Ansprüchen entstehen lassen.

KONZEPTENTWICKLUNG

Die Konzeptentwicklung ist der Schritt vom Text zum visualisierten Konzept. Diese kreative Phase ist die größte Hürde im gesamten Entwicklungsprozess. Hier werden die bekannten Kreativitätstechniken genutzt. Innerhalb des Grohe Projektes »Visions of Water« wurden für mehrere Zielgruppen die Haus- und Badkonzepte gestaltet, davon wird nachfolgend beispielhaft ein Konzept beschrieben.

Die Wohnung eines Business-Nomaden

Der Business-Nomade des Jahres 2020 gewöhnt sich überall schnell ein, ist heute hier, morgen dort, und überall zu Hause. Jeder Arbeitsplatz ist für den Business-Nomaden nur eine vorübergehende Station. Die passende Wohnung gibt ihm dabei den nötigen Halt, um sich sofort zurechtzufinden. Dies kann zum Beispiel das vom Arbeitgeber gestellten Penthaus sein. Wichtig dabei sind eine verkehrsgünstige Anbindung und eine perfekte Infrastruktur. Mit den großzügigen Fensterfronten rundum behält der Business-Nomade stets den Überblick. Die neuartige Verglasung erlaubt ihm zugleich die nötige Abgeschiedenheit, wenn gewünscht: Im Nu lassen sich Lichteffekte, Stimmungsbilder oder landschaftliche Impressionen darauf projizieren.

Die Wohnung ist zwar geräumig, aber vor allem höchst funktional und praktisch eingerichtet. Das Basisprogramm an Ausstattung und Dekoration wird von je-

Abb. 2: Bad des Business-Nomaden 2020 (Grohe)

dem, der hier neu einzieht, schnell individualisiert. Display-Bilderrahmen sowie Geruchs- und Soundfragmente helfen dabei. Es werden wieder langfristige Investitionen in die eigenen vier Wände getätigt. Das Bad genießt einen hohen Stellenwert und wird zum Wohn- und Lebensraum, mit einem spielerischen Umgang mit Wasser. Im Zentrum stehen innovative Materialien und Technologien, wie zum Beispiel agierende und reagierende Oberflächen, die sowohl Funktionen steuern, als auch selbst zum Steuerelement werden. Klar strukturiert sind alle Räume, vor allem das Bad. Waschtisch, Dusche und der großzügige Relaxpool sind zurückhaltend gestaltet, aber sehr individuell und edel. Das Multi-Media-Display im Spiegel enthält einen Organizer, der an bevorstehende Tagestermine erinnert. Um die im Innern des Spiegelschranks untergebrachten Bad-Utensilien, Shampoos und Cremes herauszunehmen, lässt man die zwei Elemente des geteilten Spiegels einfach nach links und rechts zur Seite gleiten. Am Abend verwandelt sich der Spiegel in die Benutzeroberfläche des Multimediasystems, das unter anderem passend zu der gewünschten Musik Stimmungsbilder, Videoclips oder einfach nur Farben in den Raum projizieren kann. Ein spielerischer Umgang mit Wasser, fokussiert auf den Erlebnisfaktor. Im Mittelpunkt ist die materielle und technologische Neuentwicklung von Oberflächen, die sowohl agieren als auch reagieren können. Ihre Besonderheit besteht in der Möglichkeit einer multiplen Steuerfunktion. Das Bad integriert sich in den Wohnraum oder umgekehrt. Lifestyle-Konzepte sind die Weiterführung der heute bekannten Stilwelten.

FUTURE BIZZ

Die Zukunft ist ein Projekt, das sich am besten gemeinsam planen lässt. Daher haben sich im Netzwerk future_bizz führende Unternehmen verschiedener Branchen zusammengeschlossen, um Ideen für zukünftiges Wohnen und Arbeiten zu entwickeln. Eines dieser Unternehmen ist der Armaturenhersteller Grohe. Gemeinsam beschäftigt man sich mit der Entwicklung von Zukunftswissen im Netzwerk und dem Aufbau einer gemeinsamen Wissensbasis, dem Erkennen und Bewerten von strategisch relevanten Handlungsfeldern, dem Entwickeln von schlüssigen Zukunftsbildern für definierte Themenstellungen und anschließend dem Erschließen von neuen Anwendungen und Produkten. Übergeordnetes Ziel ist es, Ressourcen und Kompetenzen zu bündeln, um Innovationsprozesse zu beschleunigen.

CONNECT CREATIVITY

Initiiert wurde Connect Creativity vom Netzwerk future_bizz. Das Projekt startete im April 2008 mit einem fundierten Briefing an Vertreter von ausgewählten Hochschulen der Fachrichtungen Kunst, Design, Produktdesign, Innenarchitektur und Architektur. Teilnehmer an diesem Projekt waren die Hochschulen aus Köln, Braunschweig, Lippe, Pforzheim, Dortmund, Coburg und Halle. Das Projektziel war der kreative und innovative Sprung von der Vision zur konkreten Umsetzung. Dazu wurden die Wohn- und Lebenswelten für die 5 Protagonisten in Form von Filmen, Skizzen, Collagen, Objekten und Designstudien visualisiert. Die Durchführung des Projekts war als Semesterarbeit von Studenten aus verschiedenen Fachbereichen wie Kunst, Design, Architektur, Innenarchitektur ausgelegt. Besonders erwähnenswert und einmalig war die interdisziplinäre Vernetzung der Hochschulen untereinander und mit den beteiligten Unternehmen im Projekt. Als eine hochgradig kreative Entwicklungsmethode wurde die Wechselwirkung Workshop – Arbeitsphasen verwendet.
Wie sieht die Welt von morgen aus? Was wird zukünftige Arbeits-, Wohn- und Lebenswelten beeinflussen? Welche Bedürfnisse und Ansprüche an sein Wohnumfeld hat ein Technikfreak im Jahr 2020, der überall auf der Welt arbeitet und viel auf Reisen ist? Wie lebt die allein erziehende Büroassistentin im Spannungsfeld von Beruf und Zuhause? Wie richtet sich der 70-jährige »erfolgreiche und junge Alte« sein Leben und sein Wohnumfeld ein? Welche Möglichkeiten ergeben sich daraus für neue Anwendungsideen und Produktentwicklungen? Für diese und andere Fragen galt es im Projekt Connect Creativity visuelle Lösungen zu finden.

Die interdisziplinäre Vernetzung der Hochschulen erwies sich als großer Pluspunkt von Connect Creativity. Kombiniert mit industriellem Know-how und Unterstützung seitens der Industriepartner, führte sie zu einem bemerkenswerten Ergebnis, das im Juli 2008 in der [ID]factory vorgestellt wurde. Nach weniger als fünf Monaten lagen kreative, gute und verwertbare Ideen zu einem komplexen Hintergrund vor. Die 60 Studenten, Professoren und Industriepaten fanden in der [ID]factory in Dortmund ein ideales, kreatives Umfeld für die drei mehrtägigen Workshops, sodass aus den einzelnen Gestaltern eine innovative Schwarmintelligenz entstand. In den Teams wurden 8 bis 12 Studenten/-innen aus unterschiedlichen Fachbereichen und Hochschulen zusammengefasst, die dann an ihren Semesterarbeiten arbeiteten und zusätzlich das eigene Ergebnis in die gemeinsame Wohnwelt einbinden mussten. Auf Basis der vorgegebenen Zukunftsbilder über das Wohnen, Leben und Arbeiten im Jahr 2020 mussten erlebbare Wohnwelten entstehen. Connect Creativity sollte es den Studenten ermöglichen, Zukunftswissen zu erwerben, Kontakt zu Unternehmen des future_bizz aufzunehmen und interdisziplinär mit anderen Hochschulen zusammenzuarbeiten.

Im Zentrum von Connect Creativity stand die Entwicklung von Konzepten für neue Lebens- und Arbeitswelten bis hin zu konkreten Produktideen für fünf definierte soziale Gruppen (Milieugruppen). Jede Milieugruppe war im Detail beschrieben und durch Zuordnung von Protagonisten personalisiert. Für jeden dieser Protagonisten wurde eine individuelle Wohnwelt durch jeweils ein hochschul- und fachbereichübergreifendes Projektteam entworfen. Die Teams wurden durch die Hochschullehrer und Industriepaten aktiv unterstützt.

Das große Engagement der Studenten und der namhaften Professoren führte zu einer hohen Qualität der Ergebnisse und verwertbaren Konzepten für Produkte und Lebenswelten im Jahr 2020. Darüber hinaus konnten alle Beteiligten spannende Lernerfahrungen und Impulse mitnehmen. In der Endpräsentation wurden 5 holistische Wohnwelten für Räume in 2020 auf Basis der Szenarien vorgestellt. Die 80 Studienarbeiten wurden als Konzepte, teilweise mit Modellen, visualisiert und reichten von Architekturmodellen, Möbeln, Rauminstallationen, Bädern, Kommunikationsgeräten, bis hin zu Anwendungen für noch nichtvorhandene Materialien und Technologien.

Die anschließende Auswertung der von den Studenten vorgelegten Entwürfe führte dazu, dass 20% der Vorlagen direkt in den Unternehmen zur Weiterentwicklung konkreter Produkte genutzt werden konnten. Eine Roadshow zur Präsentation der Ergebnisse bei den Partnerunternehmen erfolgte im Anschluss, ebenso wurden einige Konzepte auf internationalen Messen vorgestellt.

KONZEPTBÄDER

An einigen Konzepten rund um Sanitärprodukte in Bad und Küche hat Grohe die Rechte erworben. In dem Konzept »Lotusblüte« von Eugen Dirksen, Hochschule Pforzheim, hat man bereits den zukünftigen Designtrend und die von der Zielgruppe geforderte Funktionalität erkennen können. Damit die Wünsche nach neuen Materialien, Oberflächen und Funktionen auch technisch realisiert werden konnten, entwickelte Grohe in Kooperation mit Bayer Material Science innovative Lösungen. Die Kompetenzen der beteiligten Partner wurden dabei gebündelt, um die Konzepte schneller und effizienter in verkaufsfähige Produktangebote umzusetzen.

Die Kunststudenten/-innen der TU Dortmund brachten in die Kreativteams einen umfassenden, ganzheitlichen Ansatz zur Schöpfung neuer Innovationen. Bei den Ergebnissen der angehenden Künstler lag die Betonung mehr auf den philosophischen, intellektuellen und ästhetischen Aspekten, als auf den technischen und funktionalen Faktoren. Zum Beispiel das Video »Tempus edax rerum« von Stefan Gutsche beschreibt die Empfindungen einer Badnutzerin. Die Arbeit von Alischa Leutner beschäftigt sich mit der Fragestellung, passt sich ein Produkt an

Abb. 3: VAP H20 (M. Hundt/Grohe)

das Umfeld an oder verändert das Umfeld das Produkt. Der Schneehase ist weiß, damit er nicht erkannt wird. Und umgekehrt wird die Wand rot, weil ein roter Stuhl davor steht.

Eines der Konzepte, an dem GROHE die Nutzungsrechte erworben hat, ist VAP H2O von Michael Hundt, Fachhochschule Coburg. Ein organisch geformter Brausenbaum mit elektronischer Steuerung macht Duschen zu einem angenehmen und sinnlichen Erlebnis. Die Duschturbinen, die durch pneumatische Muskeln flexibel am Baum agieren, bieten Wasser in jeder Form – von gebündelten Strahlen bis zu mikroskopisch kleinen Wassertröpfchen. Der Benutzer steuert sie hauptsächlich über Sprache, Gestik und Mimik. Für grundlegende Befehle ist ein kleines Bedienfeld vorhanden. Besonders komfortabel: Sensoren und Kameras registrieren, wenn sich der Duschende setzen möchte und recken ihm umgehend eine Sitzgelegenheit entgegen. Für Grohe ist dieses Produkt interessant, weil es die Bedürfnisse der Generation 50+ berücksichtigt und gleichzeitig einen energie- und wassersparenden Ansatz mit der Weiterentwicklung technischer Möglichkeiten vereint. Es bietet neue Funktionalitäten für ältere Menschen und zeigt großes Potenzial für eine erfolgreiche Weiterentwicklung.

FAZIT

Für die Industriepaten war es eine große Bereicherung, bei diesem Projekt dabei gewesen zu sein. Sie haben miterlebt, wie ganz neue Denkansätze entstanden und wie komplette Lebenswelten daraus gewachsen sind. Studenten unterschiedlicher Hochschulen und Fachrichtungen sind gemeinsam das Thema Zukunft kreativ angegangen – und das mit großem Erfolg. Damit GROHE nicht von der Zukunft überrascht wird, suchen sie die ersten Signale der Veränderungen und arbeiten heute bereits an der technischen Umsetzung. Connect Creativity war für alle Beteiligten ein ausgesprochen spannendes und erfolgreiches Projekt, das ein einzelnes Unternehmen in dieser kurzen Zeit und in einer vergleichbar hohen Qualität nicht allein hätte realisieren können.
Die Konzeptentwicklung ist ein Bereich im Unternehmen, wo langfristig ausgerichtete Innovationen entstehen. Damit Grohe die Innovationsführerschaft in einer Balance zwischen Technik, Qualität und Design halten kann, bedarf es einer permanenten Weiterentwicklung von zukunftsorientierten, erlebnisreichen Technologien und innovativen Mitarbeitern.

Abb. rechts: Arbeit von Stefan Bröckerhoff, Georg Luttermann (factory-Preisträger)

BRAUCHT DER TANZ EINE BÜHNE?
Der Tanz und seine innovativen Entwicklungen

Birgit Götz

ÜBERSICHT ÜBER INNOVATIVE ENTWICKLUNGEN DES TANZES

Getanzt hat der Mensch schon sehr früh in seiner Geschichte, individuell, in Gruppen und Ritualen. Aber der Tanz auf einer Bühne, wie wir ihn heute kennen?

Erst Ludwig XIV (1638–1715) gründete mit seinem Hofkomponisten Lully die erste Ballettschule in Paris, die »Academie Royal de Danse«. Um 1700 stellte Raoul Feuillet in seinem Buch »Choreografie« Tanztechniken, Schritte und Positionen zusammen, das erste »Lehrbuch« für den Tanz.

Das klassische Ballett, wie wir es heute definieren, wurde erst möglich, als Ende des 18. Jahrhunderts der Spitzentanz entwickelt wurde: Er revolutionierte den Tanz mit speziellen Bewegungstechniken und speziellen Schuhen. Carlotta Grisi und Anna Pawlowa (um 1900) waren bekannte Vertreterinnen dieser Tanzrichtung. Die Bewegungsbeschreibungen aus dieser Zeit haben bis heute ihre Gültigkeit nicht verloren und sind noch immer Grundlage einer klassischen Ballettausbildung.

Aber bereits um 1890 formierte sich eine Gegenbewegung zum Spitzentanz: der Modern Dance. Isadora Duncan und Loie Fuller lehnten den Tanz in Spitzenschuhen ab und tanzten barfuß, keine vorgegebenen Schritte, sondern in improvisierten Bewegungen.

Fast gleichzeitig entwickelte der Tänzer, Choreograf und Tanztechniker Rudolf Laban die Tanzschrift »Lanbannotation«, die vor allem der Bewegungsanalyse diente. Mit ihr kann man – noch heute – jede Form menschlicher Bewegung aufzeichnen. 1913 eröffnete er eine Schule der neuen Tanzkunst auf dem Monte Verità. Der Monte Verità (»Berg der Wahrheit«) war ein breit gefächertes Zentrum alternativen Lebens in Ascona/Schweiz und gilt heute als eine der Wiegen der Alternativbewegungen. Dort lebten und arbeiteten Künstler aus unterschiedlichen Sparten miteinander: aus der Literatur, den Bildenden Künsten, dem Modernen Tanz (Ausdruckstanz) und auch der Psychoanalyse. Als aktive Künstler des Monte Verità seien beispielhaft genannt: Hermann Hesse, Else Laske-Schüler, Hans Arp, Paul Klee, C.G. Jung, Isadora Duncan, Mary Wigman und Rudolf Laban.

Die Tänzerin Mary Wigman, neben Isadora Duncan die wohl bekannteste Protagonistin des Ausdruckstanzes jener Zeit, ging dort 1912 in Rudolf Labans »Schule für Kunst« und gründete später ihre eigene Schule für Ausdruckstanz, die 1942 von den Nationalsozialisten geschlossen wurde.

Eine Schülerin Mary Wigmans war auch Gret Palucca (1902–1993). Ihr Credo lautete: »Ich will nicht hübsch und lieblich tanzen!«. Sie integriert akrobatische Einlagen und groteske Elemente in ihre Bewegungen. Sie startete eine Solokarriere und entwickelt ihren eigenen Stil weiter, auch in Kontakten mit Künstlerinnen und Künstlern im Bauhaus Dessau.

1920 übernahm Oskar Schlemmer die Bauhausbühne. Künstler, Designer, Urbanisten und Architekten arbeiteten zusammen und es entstand ein Ort für revolutionäre Experimente mit Körper und Raum, ein Laboratorium für performative Kunst.

Ab 1940 veränderte eine weitere Innovation den Tanz: der Jazz-Dance. Seine Blütezeit erlebte er zunächst in Amerika, bis er dann 1960 auch nach Deutschland kam. Neue Bewegungsimpulse zu neuer Musik mit Elementen aus dem afrikanischen Tanz. Tänzerinnen und Tänzer stellten wieder einmal die Spitzenschuhe beiseite und probierten sich neu aus.

Seither erfindet sich der Tanz in kurzer Folge immer wieder neu: Schon 1962 wollten junge Tanz-Revolutionäre weitergehen, es begann die Postmoderne des Tanzes. 1980 propagierte der New Dance den Bewegungsschwung ohne Kraft und entwickelte sich weiter bis zum zeitgenössischen Tanz, der Bühnentanzkunst der Gegenwart.

BRAUCHEN WIR ABER DAFÜR ÜBERHAUPT EINE BÜHNE?

Warum nicht einfach die Wand eines Gebäudes hinunterlaufen? Warum nicht tanzen so schwerelos wie auf dem Mond?
Trisha Brown zeigte es.

Brauchen wir eine Bühne, wenn der Tanz das Publikum integriert? Das urbane Theater der Company »La Fura del baus« stellt seit 1979 die Positionen des Tanzes in grenzüberschreitenden Choreografien immer wieder in Frage.

Die Choreografin und Ballettdirektorin Pina Bausch brachte wiederum neue Tanzformen auf die Bühne: das Tanztheater. Tanz mit starker szenischer Einbindung und der tänzerischen Entwicklung einer Choreografie von innen nach außen. Pina Bausch war die Zusammenarbeit mit den Tänzern und die Beachtung ihrer Individualität enorm wichtig.
1973/74 übernahm sie die Leitung des Wuppertaler Tanztheaters und führte es mit ihren Aufführungen in die Weltspitze. Für ihre innovativen Choreografien erhielt sie 2007 den renommierten Kyoto-Preis.

Einen anderen, aber ebenfalls neuen Weg geht William Forsythe (*1949), der das neo-klassische Ballett zum zeitgenössischen Tanz weiterentwickelte, indem er sich gegen altbekannte Formen und romantische Bildhaftigkeit auf der Bühne entschied. Seine Zusammenarbeit mit Musikern wie John Cage haben dem Ballett ein neues Gesicht verliehen

Welche aktuellen Strömungen lassen sich heute im Tanz beobachten?

Sie lassen sich zusammenfassen im Satz: Alles ist möglich!
Als Beispiele seien genannt: Human Rights, ein Projekt von William Forsythe zum Thema Menschenrechte (2006) oder Gerda König, in deren Choreografien Menschen mit und ohne Behinderungen zusammen tanzen.

Die jungen Breakdance-Projekte wiederum werfen die Frage auf: Kommt nun der Tanz von der Straße auf die Bühne oder ist es anders herum?

Aber auch das gibt es heute noch: das Klassische Ballet.

DARSTELLENDE KUNST IN DER AUSBILDUNG IN WIRTSCHAFTSUNTERNEHMEN

Einen ganz neuen innovativen Schritt geht die Darstellende Kunst aktuell: hinein in Wirtschaftsunternehmen im Rahmen von Ausbildungen und Studiengängen z.B. im dm Drogeriemarkt, Alnatura und Budnikowski Drogeriemarkt. Dort sind Theater- und Tanzprojekte in die Ausbildungs- und Studiengänge integriert (Ausbildungsgänge: Drogist/-in, Bürokaufmann/-frau, Fachinformatiker/-in, Systemintegration, Fachkraft für Lagerlogistik und Kaufmann/-frau für Dialogmarketing. Studiengänge: Handel (B.A.), Wirtschaftsinformatik (B.Sc.), Informationstechnik (B.Eng.) und Angewandte Informatik (B.Sc.)).

Warum wird darstellende Kunst als Projekt in der Ausbildung eingesetzt?

Die Auseinandersetzung mit dem Unbekannten fordert unkonventionelle Lösungen und Denkweisen, das Miteinander fördert die soziale Kompetenz, Gestik, Mimik und Sprache werden geschult, alle Komponenten dienen so der Persönlichkeitsentwicklung.
Für dieses innovative Konzept »Abenteuer Kultur als Säule der Ausbildungen und Studiengänge« erhielt der dm Drogeriemarkt 2004 den »Innovationspreis Aus- und Weiterbildung« der Otto-Wolff-Stiftung, der gemeinsam durch die Deutsche Industrie- und Handelskammer und die »Wirtschaftswoche« vergeben wurde.

Praktische Übungen

Anleitungen zur Entwicklung einer Performance:

Choreografie – wie geht das?

Fahren Sie mit öffentlichen Verkehrsmitteln.

Suchen Sie turbulente Situationen
auf und halten Sie inne.

Schauen Sie genau hin.

Festigen Sie Ihre Idee und gehen Sie in die Bewegungsanalyse.

Stellen Sie sich die Bewegung in Zeitlupe vor und versuchen Sie, Bewegungsimpulse zu entdecken.

Organisieren Sie beeindruckende Bewegungssequenzen in Ihrem Kopf, z. B. als Bewegungsloop

oder

setzen Sie zwei Bewegungssequenzen in Korrespondenz.

Erweitern Sie die Bewegungen
durch tänzerische Techniken.

Fangen Sie an, Tanz in einen spartenübergreifenden Kontext zu setzen.

Zum Beispiel:

                        Raum und Tanz

                        Stimme und Tanz

                        Requisite und Tanz

                        Medien und Tanz

                                  und

haben Sie Mut und Freude,
denn Angst frisst die Seele auf
und Kreativität lässt sich nicht
erzwingen.

DIE ZUKUNFT FEST IM BLICK: INTERDISZIPLINÄRE INNOVATIONEN

Klaus Henning und Esther Borowski

EINLEITUNG

Zur Erhaltung ihrer Wettbewerbsfähigkeit sind Unternehmen in der vorherrschenden globalisierten, hoch technisierten und dienstleistungsorientierten Arbeitswelt zunehmend gefordert, ihre personale und organisationale Innovationsfähigkeit zu erhalten. Innovationsfähigkeit gilt dabei als Schlüsselfaktor für den wirtschaftlichen Erfolg, denn nur wer sich langfristig am Markt mit neuen Ideen und anspruchsvollen, an Kundenwünschen orientierten Produkten bzw. Dienstleistungen bewährt, ist dauerhaft konkurrenzfähig und in der Lage eine leistungsfähige Marktgröße zu etablieren.

Die organisationale Fähigkeit, innovativ zu sein, hängt häufig weniger vom technischen Entwicklungsstand eines Unternehmens als vielmehr von seinen Humanpotenzialen sowie seinen internen Prozessen und Strukturen ab. Deshalb ist ein ganzheitliches Verständnis notwendig, das den Innovationsbegriff nicht nur in seiner technischen, sondern auch in seiner sozialen und organisationalen Bedeutungsdimension umfasst.

Unternehmen sind demzufolge gefordert, sowohl organisationale als auch personale Innovationspotenziale systematisch zu identifizieren und in marktfähige Produkte umzusetzen. Eine kontinuierliche Innovationsleistung kann jedoch nicht vorgegeben oder erzwungen werden. Kreativität und Innovation gibt es nicht auf Abruf. Innovationsfähigkeit entwickelt sich vielmehr durch den gezielten Einsatz innovationsförderlicher Methoden und Lernumgebungen, die kreatives Denken und Handeln sowie die Entwicklung von Neuem unterstützen.

Abb. links: Arbeit von Alischa Leutner

INNOVATION – WAS IST DAS?

Was ist jedoch unter dem zentralen Begriff der Innovation zu verstehen? Innovationen werden als umfassende Veränderungen betrachtet, die technischen, personellen, organisatorischen Wandel bewirken. Sie werden wesentlich durch ökonomische und/oder ökologische Dimensionen bewertet. Der Begriff »Innovation« kann sich dabei auf das Resultat eines Prozesses (first level Innovation) oder auf den Prozess an sich (second level Innovation) beziehen. Innovationen sind nicht mit einfachen Zeichen, Daten und Informationen in Verbindung zu bringen. Sie sind weitaus mehr als das, und der Innovationsprozess beginnt erst mit dem nächsten Schritt (Abb. 1).

Wissen, als zweckdienliche Vernetzung von verfügbaren Informationen, bildet das Fundament jeglicher Innovation. Eine Innovation ist demnach die Kombination aus Wissen, und der Fähigkeit dieses Wissen anzuwenden. So beschreibt zum Beispiel BMW als Kernaufgabe des Innovationsmanagements:

> »Unsere Aufgabe ist es, dem Kunden etwas zu geben, was er haben möchte, von dem er aber nie wusste, dass er es suchte und von dem er sagt, dass er es schon immer wollte, wenn er es bekommt.«
> (vgl. Gassmann/Sutter 2008)

Abb. 1: Innovationsprozess. Quelle: Eigene Darstellung in Anlehnung an North 1988.

Das Innovationsmanagement beinhaltet Maßnahmen sowohl zur Entwicklung als auch zur Bewertung von Ideen. Dabei liegen in der Gestaltung des Innovationsmanagements immense ungenutzte Potenziale. Während einige Unternehmen diesen Zusammenhang mit ihrem unternehmerischen Geschick instinktiv in Prozesse einfließen lassen, wählen andere den Weg der weitgehenden Standardisierung ihrer Innovationsprozesse. Oftmals bestimmt jedoch nicht die strategische Ausrichtung eines als wichtig und gut eingestuften Innovationsprozesses das Handeln, sondern Alltagsstress und Ressourcenbeschränktheit (vgl. Strina u.a. 2003). Die Bedeutung der betrieblichen Innovationsfähigkeit steht dabei nicht zur Debatte – auch nicht während der Krisenzeiten. Obwohl aber die meisten Unternehmen eine nachhaltige Innovationsfähigkeit als lebensnotwendig erkennen und entsprechende Strategien und Maßnahmen ableiten und implementieren (vgl. Henning 2007), kennen die meisten die eigenen Innovationspotenziale und Erfolgsfaktoren nur selten oder lediglich »aus dem Bauch« heraus (vgl. Ottmar 2008).

INNOVATIONSFÖRDERLICHE METHODEN

Einer der entscheidenden Erfolgsfaktoren im Innovationsprozess sind die »kreativen Köpfe« im Unternehmen. Diese »kreativen Köpfe« benötigen jedoch in der Regel betriebliche Rahmenbedingungen, die es ihnen erlauben, ihre persönlichen Charakteristika in die Arbeitswelt zu integrieren (vgl. Hargadon/Sutton 2000). Dazu gehören u.a. Interesse, Hintergründe, Neugier, Überheblichkeit, Bereitschaft zuzuhören, Zuversicht, Bescheidenheit. Dabei ist es nicht notwendig, dass die Chefs selbst Querdenker sind. Aber Chefs müssen Querdenken erlauben und Querdenker unterstützen.

Unternehmen können demnach die Mitarbeiter dann zu innovativem Verhalten motivieren, wenn diese die entsprechenden »Freiräume« finden und nutzen können. Eine Systematisierung des Innovationsprozesses für die Erreichung des erwünschten wirtschaftlichen Erfolgs reicht also nicht aus. Disziplin und Kreativität muss sich in einer Innovationsstrategie ergänzen. Es ist Aufgabe der Führungsebenen, die entsprechenden Rahmenbedingungen mit den passenden Maßnahmen zu gestalten. Die theoretische Unterstützung hierfür wird durch diverse Innovationsmodelle geliefert, wie z.B. dem SENEKA-Innovationsmodell (SIM), das den Anspruch hat, Unternehmen in die Lage zu versetzen, die eigenen Innovationspotenziale rechtzeitig zu erkennen, zu erfassen und zu nutzen und dadurch den nachhaltigen Wettbewerbsvorsprung in einer praktikablen Form zu ermöglichen (vgl. Strina/Uribe/Franssen 2003). Kreativität braucht eine entspannte Wahrnehmung von Komplexität und Dynamik. Es braucht Rahmenbedingungen, die Querdenken fördern. Wie aber gestaltet man eine Organisation mit Querdenkern? Dazu braucht es ein Unternehmensklima, in dem man sich auch einmal zurücklehnen kann. Es werden Menschen benötigt, die einerseits unabhängig denken und handeln, andererseits innere Lähmung und Angst vor der eigenen Kreativität überwunden haben. Bei kreativen Führungskräften sind nach 10, 15, 20 Jahren sehr häufig massive Verschleißerscheinungen im Hinblick auf den Mut zur Kreativität zu beobachten (vgl. Henning/Henning 1995). Wenn man in Unternehmen nach den Ursachen dafür fragt, dann stößt man meistens darauf, dass die Menschen durch die Verhältnisse, unter denen sie das Unternehmen führen mussten, sehr viel eingesteckt haben. Wenn Menschen außen mit vielen Widerständen und Ängsten umgehen, dann ist es ein Naturgesetz, dass im Inneren, aus der jeweiligen Biographie heraus Ängste hervorkommen, die in den individuellen Erfahrungen der Akteure liegen. Und je mehr Verantwortung, je mehr Turbulenzen von außen auf die Person einwirken, desto mehr muss diese in ihrem Inneren mit sich im Reinen bleiben oder werden. Hier liegt die eigentliche Ursache des sogenannten »Burnouts«: Ich muss mit der Angst vor meiner eigenen Kreativität, wieder auszubrechen, mich wieder zu exponieren, wieder angefeindet zu werden, wieder nicht verstanden zu werden, im Reinen sein.

In Zeiten sich globalisierender Ressourcenfindung und Innovationsprozesse durch die Nutzung des »Wissens der Vielen« kommt dem Aufbrechen der Grundhaltung »Das haben wir schon immer so gemacht« eine besondere Bedeutung zu. Etwas anders machen als bisher, heißt dabei aber auch, sich des Wissens anderer zu bedienen, die bisher in den Prozess nicht eingebunden waren.

Dazu muss man sich vergegenwärtigen, wo wir eigentlich kreativ sind (Abb. 2). Wir sind zum Beispiel zu einem Prozent in der Badewanne zu Hause kreativ, zu

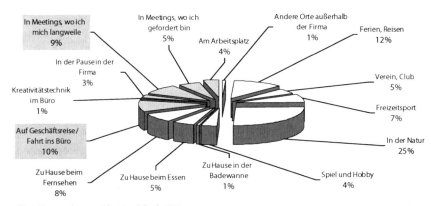

Abb. 2: Wo entstehen neue Ideen (nach Berth 1993)

5 Prozent beim Essen und zu 8 Prozent beim Fernsehen, zu 10 Prozent auf der Geschäftsreise und zu einem Prozent, wenn wir Kreativitätstechniken im Büro anwenden. In der Pause bin ich zu 3 Prozent kreativ, in Meetings, wo ich mich langweile, zu 9 Prozent, am Arbeitsplatz zu 4 Prozent, auf Reisen und in Ferien zu 12 Prozent. Fazit: Innerhalb der Firma 24 Prozent, außerhalb der Firma 76 Prozent – und davon als größten Einzelbereich zu 25 Prozent in der Natur.

Es kommt jedoch erst bei jedem tausendsten oder fünfhundertsten Gedanken zu einer betriebsbrauchbaren Idee (Abb. 3). Und um erfolgreich am Markt zu sein, brauche ich sehr viele Ideen. Der wirtschaftliche Erfolg von Innovationen hängt letztendlich davon ab, ob diese als erfolgreiches Produkt bzw. Systemlösung auf dem Markt bestehen können. Die beste betriebliche Innovation kommt entweder auf den Markt, weil sie von Kunden nachgefragt wird, oder in die Schublade, bis die Nachfrage kreiert oder plötzlich unter anderen Umständen wieder entdeckt wird.

Wenn man nun nach Merkmalen fragt, wie Kreativitäts- und Innovationsprozesse organisiert und gesteuert werden können, dann ist die Voraussetzung dafür, dass das Unternehmen selbst im ständigen Wandel ist – und zwar unter Beteiligung aller im Betrieb. Innovation bedeutet immer Bruch mit der Vergangenheit und das Umstoßen lieb gewordener Gewohnheiten. Dieses Verständnis setzt jedoch eine entsprechend gewachsene Unternehmenskultur voraus. Ein kreativer Innovationsprozess zeichnet sich demnach als beteiligungsorientierter Change-

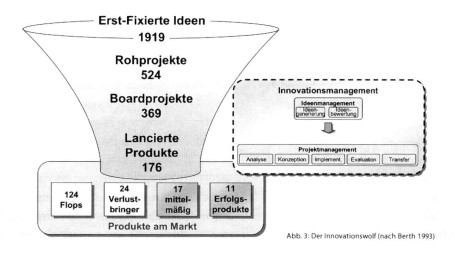

Abb. 3: Der Innovationswolf (nach Berth 1993)

Prozess aus, der auf einem H-O-T Ansatz basiert (vgl. Brandt 2003), der zuerst den Menschen (Human), dann die Organisation und im dritten Schritt die Technologie berücksichtigt. Dabei erzwingen innovative Technologiefusionen neue Wege beteiligungsorientierten Arbeitens und Lernens in global verteilten Teams (vgl. Henning/Schmitt 2006).

Unabhängig von der Frage, wo Ideen entstehen, ist es Aufgabe des Unternehmens, die Mitarbeiter in Bezug auf die notwendigen Kompetenzen innovationsfähig zu machen. Mitarbeiter müssen in die Lage versetzt werden, ihr Fachwissen unter hohem Arbeits- und Wettbewerbsdruck auszubauen und Lösungen für zunehmend komplexe Probleme zu entwickeln. Eine nachhaltige Kompetenzentwicklung muss diese Rahmenbedingungen berücksichtigen und die Mitarbeiter handlungsfähig machen. Arbeiten und Lernen wachsen dabei zunehmend zusammen – auf allen Ebenen (vgl. Ludwig u.a. 2007). Individuelles Lernen, das Lernen in Teams, in der Organisation und in Netzwerken wird existenzieller Bestandteil der (Zusammen-)Arbeit (vgl. Backhaus/Frank/Hees 2008; Isenhardt/Grobe, 1997; Unger 1998). Die Verknüpfung von Arbeits- und Lernprozessen im betrieblichen Kontext fordert alle Beteiligten: Wissenschaft und Praxis, Unternehmer und Mitarbeiter.

Bildung und Wissen sind die entscheidenden Standortvorteile Deutschlands und diejenigen Produktionsfaktoren, die am schlechtesten von anderen imitiert werden können. Deshalb ist Wissensmanagement ein strategischer Erfolgsfaktor für den Standort Deutschland. Ein entscheidender Punkt ist dabei, in bestimmten Phasen Wissen zu teilen und in (globalen) Netzwerken kreativ zu sein. Es muss eine Balance zwischen den Polen »Wissen teilen« und »Wissen verstecken« gefunden werden (vgl. Henning u.a. 2006), (Abb. 4). Wer immer alles Wissen teilt, kommt selten zu einem Wettbewerbsvorteil, das Gleiche gilt aber auch für denjenigen, der immer alles Wissen versteckt.

Hieraus entsteht eine Innovationsdynamik, die als »Funktionale Vertrautheit« bezeichnet wird. Diese Vertrautheit in Unternehmen zu entwickeln und zu fördern, kann mit Methoden des systemischen Change Managements ermöglicht werden (vgl. www.osto.de, Henning/Strina 2010).

Diese Innovationsdynamik bedarf eines erhöhten Durchhaltevermögens des Individuums. Insbesondere müssen eigene Ziele mit Ausdauer und Beharrlichkeit verfolgt werden, um den zur Erhaltung der Wettbewerbsfähigkeit nötigen Vorsprung zu erreichen. Mit Beharrlichkeit müssen eigene Produkte überarbeitet werden und die Ausdauer aufgebracht werden, sich nicht rasch zufriedenzugeben.

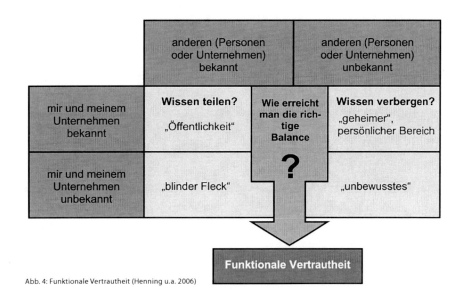

Abb. 4: Funktionale Vertrautheit (Henning u.a. 2006)

Innovationsprozesse für den Standort Deutschland erfordern auch neue Lern- und Arbeitsprozesse. Hierbei müssen interdisziplinäre Ansätze in den Vordergrund gerückt werden, die durch eine Bündelung verschiedener Sichtweisen und Zugänge den komplexen Anforderungen gerecht werden. Die Verschiedenheit und Vielfalt der Beteiligten muss in diesem Zusammenhang als Ressource wahrgenommen und zielführend genutzt werden. Das Zusammenwirken von Anwendern, Betreibern und Entwicklern von Technik spielt dabei eine bedeutende Rolle (vgl. Stoffels 2000). Dies erfordert neue Methoden der Produkt- und Prozessgestaltung, insbesondere bei der Verknüpfung von IT-Technologien mit klassischen Technikfeldern. Beispielhaft sei hier die Entwicklung eines dezentralen Heizungspumpensystems genannt. Dieses dezentrale Pumpensystem setzt auf mehrere Miniaturpumpen an den Heizflächen bzw. Heizkreisen anstelle der Temperaturregulierventile. Eine zentrale Steuereinheit mit modernster Computertechnik erkennt den Wärmebedarf der einzelnen Räume und versorgt die Heizkörper individuell mit Hilfe der Miniaturpumpen (vgl. WILO 2010, OSTO® Systemberatung 2010).

Interdisziplinäre Zusammenarbeit erfordert vielfältige soziale, personale und methodische Kompetenzen, welche schon in der Ausbildung erworben werden müssen. Fachübergreifende Kompetenzen müssen in Ausbildung und Studium immer noch wesentlich mehr Gewicht erhalten. Neben Schulen stellen hierfür Fachhochschulen und Universitäten einen wichtigen Baustein dar. Hier müssen konsequent berufsübergreifende Ausbildungsabschnitte, Lehrveranstaltungen und Projektarbeiten integriert und umgesetzt werden, die am zukünftigen beruflichen Handeln orientiert sind. Im Folgenden werden nun zwei Beispiele vorgestellt, die solche interdisziplinären, ganzheitlichen Innovationsansätze verdeutlichen sollen.

INTERDISZIPLINÄRE INNOVATIONSPROJEKTE – BEISPIELE

Internationales Monitoring zur Innovationsfähigkeit (IMO)

Unter dem Motto »Lernen im Prozess der Arbeit« identifiziert das ZLW/IMA der RWTH Aachen im Auftrag des BMBF innerhalb des Projektes »Internationales Monitoring« innovative Lösungsansätze, die zu einer Steigerung des Innovationspotenzials in einer modernen, sich ständig wandelnden Arbeitswelt beitragen können. Eine Basis hierfür bilden Förderprogramme des BMBF in diesem Feld, die alleine in den Jahren 2001 bis 2010 mehr als 50 Mio. €/Jahr umfasst haben.

Trends und Entwicklungen wurden innerhalb von Trendstudien, einer internationalen Online-Umfrage, Expertenarbeitskreisen und durch Identifizierung von Best-Practice Beispielen erkannt und den drei Zukunftsclustern Arbeiten 2020, Lernen 2020 und Kompetenzen entwickeln 2020 zugeteilt. Das Zukunftscluster Arbeiten 2020 rückt den Unternehmer als Innovationstreiber in den Fokus der Betrachtung. Der Export wissensintensiver Dienstleistungen, innere und äußere Mobilität der Unternehmen und die Fähigkeit, Einzigartigkeit zu erreichen, werden ebenfalls benötigt, um zukünftigen Anforderungen gerecht zu werden. Das Zukunftscluster Lernen 2020 adressiert Lernen mit weltweiter Vernetzung und eine Entwicklung von virtuellen Netzwerken zum Normalfall. Die digitale Generation wächst stetig heran und fordert adäquate Lehr- und Lernkonzepte zur Unterstützung selbstgesteuerter und arbeitsplatznaher Lernprozesse. Im Rahmen des Zukunftsclusters Kompetenzen entwickeln 2020 wurde festgestellt, dass hybride Systeme zur Kompetenzentwicklung sich in Zukunft weitläufig etablieren werden. Auch die Entwicklung neuer Arbeitsstrukturen für die digitale Generation und Synergien zwischen jüngeren und älteren Arbeitnehmern werden benötigt, um die Kompetenzen von Mitarbeitern als Innovationsträger weiterzuentwickeln (vgl. Bach/Henning 2009). Zusätzlich müssen künftige Innovationsprozesse in Kooperation mit horizontalen und vertikalen Netzwerken, Universitäten, Start-Ups, Zulieferern und Konkurrenten entstehen, um sozial-, konsumenten- und kundenorientiert ausgerichtet zu sein.

Die genannten Trends und Entwicklungen innerhalb der drei Zukunftscluster Arbeiten 2020, Lernen 2020 und Kompetenzen entwickeln 2020 haben eines gemeinsam: Sie sind Konsequenzen bzw. Reaktionen auf die globale Tendenz hin zu mehr Dynamik und Komplexität (Dynaxity) im Berufs- genauso wie im Privatleben vieler Menschen (vgl. Henning/Hees/Hansen 2009). In Zeiten der weltweiten Wirtschaftskrise wird es in Zukunft wichtig sein, Arbeitssysteme so zu gestalten, dass langfristige Innovationsfähigkeit erhalten bzw. ausgebaut werden kann. Um dies erreichen zu können, müssen die genannten Trends und Entwicklungen weiterhin beobachtet und sinnvoll genutzt werden. Nur so können tiefgreifende Veränderungsprozesse auf allen sozioökonomischen Ebenen erfolgreich bewältigt werden.

Verbindet man diese Trends zu Arbeiten, Lernen und Kompetenzen mit den Zukunftsstudien zum Standort Deutschland, zeichnen sich drei weitere Entwicklungen für Deutschland und Europa in den nächsten ein bis zwei Jahrzehnten ab, die sich unter den Schlagwörtern »Mangelware junger Mensch«, »Enabled by Germany« durch Deutschlands »Hidden Champions« und der global-regionale »Homo Zappiens« zusammen fassen (vgl. Henning/Hees/Hansen 2009).

»Mangelware junger Mensch«

Von »Mangelware junger Mensch« lässt sich sprechen, da, selbst wenn eine positive Tendenz bei der Zunahme von Geburten einsetzt, sich ein positiver Knick in der Geburtenrate erst in ca. 20 Jahren am Arbeitsmarkt wird auswirken können (vgl. Berkel/Bötsch-Supan/Ludwig/Winter 2002). Bis dahin müssen wir mit den gegebenen demografischen Gesellschaftsbedingungen leben: Immer weniger Menschen im jungen und mittleren Alter stehen einer immer größer werdenden Anzahl von Menschen im Rentenalter gegenüber (vgl. Berkel/ Bötsch-Supan/Ludwig/Winter 2002), die eine immer längere Lebenserwartung genießen können (vgl. Statistisches Bundesamt 2006).

Daraus ergeben sich hauptsächlich zwei Konsequenzen: Zum einen werden ältere Menschen tendenziell länger arbeiten können und müssen (vgl. Rürup-Bericht 2003; Herzog-Kommission 2003). Hier reicht allein das Konzept »Rente mit 67« nicht aus (vgl. EU Kommission 2009), sondern es bedarf neuer Ansätze für eine altersgerechte Arbeitspolitik (vgl. Kistler 2006), die die Komponenten Altern, Gesundheit und Kompetenzentwicklung berücksichtigt (vgl. Henning 2009). Zum anderen muss Deutschland ein Land mit einer hervorragenden Immigrationskultur werden. Vorbild dafür sind klassische Einwanderungsländer wie Kanada und Australien (vgl. Cameron 2004). Um den Standort Deutschland für ausländische Hochqualifizierte interessant zu machen, muss dem guten ersten Schritt ein »Land der Ideen« (vgl. Bundesregierung 2006) zu establieren, der zweite Schritt zu einem »Land der Wertschöpfung« (vgl. Claassen 2006) folgen. Außerdem muss es denjenigen, die sich entschlossen haben, nach Deutschland zu kommen, einfacher gemacht werden, ein soziales Netzwerk aufzubauen (vgl. Zukunftskommission NRW 2009).

»Enabled by Germany«

Deutschland wird den Titel »Exportweltmeister« nicht verteidigen können. Jedoch hat Deutschland dadurch die Chance, in zunehmendem Maß ein »Enabler« zu werden, der anderen Ländern hilft, ihre eigenen Produktions- und Dienstleistungsprozesse zu gestalten. Durch dieses Umdenken kann Deutschland sich erstens neue Märkte und Abnehmer erschließen und zweitens eine neue Art von Hilfestellung leisten. Denn das Beste für die Entwicklungsländer ist es, wenn sie ihren Eigenbedarf an Produkten und Dienstleistungen eigenständig herstellen und produzieren können. Für die Entwicklungsländer bestünde so die Möglichkeit, die eigene Versorgung unabhängig von den Industriestaaten sicherzustellen.

Deutschland sollte demnach diesen kombinierten Produktions- und Dienstleistungssektor im Sinne seiner zukünftigen wirtschaftlichen Entwicklung für sich entdecken (vgl. Bartsch/Diekmann 2006) und sich als globaler Dienstleister engagieren. Zukünftig werden sich die Sektoren Produktion und Dienstleistungen immer schwerer voneinander trennen lassen (vgl. Bryson 2009). Zwei Bereiche können im Fokus dieser Anstrengungen stehen, die Vermarktung von Bildung, Aus- und Fortbildung »Made in Germany« sowie die Stellung als internationaler Partner für kombinierte Produktions- und Dienstleistungsprozesse. Hier könnte der Begriff »Made in Germany« ersetzt werden durch den Slogan »Enabled by Germany«. Die Voraussetzung für ein erfolgreiches Auftreten auf dem Markt der Dienstleistungen ist, dass deutsche Unternehmer mit ihren Mitarbeitern mobil sind und auf den Kunden im Ausland zugehen (vgl. Bruhn/Meffert 2005). Das duale Ausbildungssystem, gewerblich-technische und Handwerksausbildungen sind prädestiniert, um weltweite Bestseller zu werden.

Der zweite Fokus »Enabled by Germany« bezieht sich im besonderen Maße auf die Bereiche Forschung, Entwicklung und Design. In vielen Nischen der Wirtschaft haben sich deutsche Unternehmen einen Platz als Weltmarktführer erarbeitet. Denn eigentümergeführte Unternehmen, die in Deutschland 75% aller Arbeitsplätze stellen (vgl. IfM Bonn 2006), agieren heute schon in großem Maß erfolgreich in globalen Strukturen (vgl. Hunecke 2003) und treiben Innovationsprozesse voran (vgl. Henning 2009). Von dieser Art Unternehmen gibt es eine große Anzahl. Allein 75 deutsche Zulieferer produzieren technologisch innovative Teilkomponenten für das Luft- und Raumfahrtunternehmen Boeing (vgl. Boeing 2008) – Deutschland ist voll von weltweit besten Technologie-Komponenten (vgl. Simon 2007). Was heißt dies in letzter Konsequenz? Wir müssen unser Privileg, zu den reichsten Ländern der Erde zu gehören, durch Fleiß und Mehrarbeit an den Stellen weiterentwickeln, an denen die anderen Länder (noch) nicht so weit sind, dass sie es selbst machen könnten. Nur da, wo wir wirklich besser, geschickter, flexibler und innovativer als andere sind, sollten wir die zugehörigen Arbeitsplätze in Deutschland behalten.

Der global-regionale »Homo Zappiens«

Die fortschreitende Digitalisierung und die kontinuierliche Verbreitung von Internetanschlüssen (vgl. Schachtner 2007) gebiert eine neuartige globale Intelligenz. Für Mitglieder der digitalisierten Generation ist es bereits nach wenigen Lebensjahren selbstverständlich, sich im Internet zu bewegen, dort einen großen Teil seiner Lebenszeit zu verbringen und Freundschaften in Form virtueller sozialer Netzwerke zu pflegen. So entwickelt sich eine neue Art von Lebensqualität im Sinne eines Homo Zappiens (vgl. Veen/Vraking 2008).
Seitdem das Internet untrennbar mit dem alltäglichen Leben verbunden ist, wurden von den Nutzern neue Strategien entwickelt, wie sie mit der Vielfalt an Informationen und Wissen effizient und ergiebig umgehen können (vgl. Henning 2009). Die Welt rückt durch den technischen Fortschritt zusammen. Tägliches Kommunizieren mit Freunden über weite Distanzen hinweg, der Austausch von Ideen und die gemeinsame Arbeit an einem Projekt über die Grenzen von Kontinenten hinweg, wie z. B. der Entwurf und die Weiterentwicklung von Open-Source Software (vgl. Haberstroh; Kochalski 2009), stellen heutzutage kein Problem mehr dar, da Blogs und Wikis zum Standard der alltäglichen Kommunikation gehören. Im Rahmen dieses Digitalisierungsprozesses wird das Bedürfnis nach räumlicher Geborgenheit in regionalen Milieus paradoxerweise extrem zunehmen (vgl. Moss-Kanter 1996). Die einzelnen Regionen wie beispielsweise Oberschwaben oder das Inntaldreieck, die Euregio Aachen oder Zwickau, das Vogtland oder die Lausitz werden für die Identität des Menschen wieder an Bedeutung gewinnen – angesichts der »Verlorenheit« im globalen Raum der zappenden Internet-Welt.
Um den zuvor genannten Trends begegnen zu können, wurden verschiedene Projekte unter den Schlagwörtern, Beteiligungsqualifizierung (vgl. Bitzer 1991), Partizipation & Empowerment, Gestaltung von Dienstleistungsprozessen und

die aktive Mitgestaltung technischer Innovationsprozesse durchgeführt. Letzteres soll an zwei weiteren Beispielen verdeutlicht werden.

Technische Innovationsprojekte zu LKW-Konvois und zum Rettungsdienst

Der interdisziplinäre Ansatz des Innovationsmanagements zeigt sich in besonderer Weise in komplexen technischen Innovationsprojekten. Zwei Beispiele, die an der RWTH mit zahlreichen industriellen Partnern durchgeführt werden bzw. wurden, sollen dies verdeutlichen.

Automatisierte Lkw-Konvois auf Autobahnen

Seit 2001 untersucht die RWTH Aachen mit zahlreichen industriellen Partnern wie MAN, Wabco, Iveco mit einem Gesamtaufwand von mehr als 10 Mio. € mit Förderung des BMWI den Einsatz von Lkw-Konvois auf Autobahnen (Bild 1). Ausgehend von interdisziplinär entwickelten und evaluierten Szenarien, wurde die nötige Technik entwickelt und schrittweise erprobt und angepasst (vgl. Kunze /Ramakers/Henning/Jeschke 2010). Dabei wurden mit Hilfe von realen und virtuellen Fahrversuchen – unter Einsatz von Lkw-Versuchsträgern und eines Lkw-

Bild 1: Lkw-Konvoi auf der Autobahn. Quelle: ZLW/IMA der RWTH Aachen

Fahrsimulators – die Auswirkungen und Effekte auf den Verkehr analysiert. Während der Entwicklung und Untersuchungsreihe wurde systematisch die Akzeptanz der Systeme bei den Lkw-Fahrern, den Spediteuren und den anderen Verkehrsteilnehmern erhoben und die Belastung bei den Lkw-Fahrern ermittelt (vgl. Kunze/Haberstroh/Ramakers/Henning/Jeschke 2010). Als bisheriges Ergebnis wurde mit vier im 10m Abstand gekoppelten Lkw`s auf Teststrecken mehr als 60 Tage gefahren und im öffentlichen Verkehr über 3.000 km zurückgelegt (vgl. Verbundprojekt KONVOI 2009).

Telematisch unterstützter Rettungsdienst

Als zweites Beispiel sei das Forschungsprojekt Med-on-@ix genannt – das zurzeit umfangreichste Forschungsprojekt im deutschen Rettungsdienst. Hier wird der Einsatz von aktueller Telekommunikationstechnik in der Notfallrettung erprobt. Zentrales Vorhaben innerhalb des Projekts ist die Schaffung einer Telenotarzt-Zentrale, die mit hochqualifizierten Notärzten, den sogenannten Tele-Notärzten, besetzt ist.

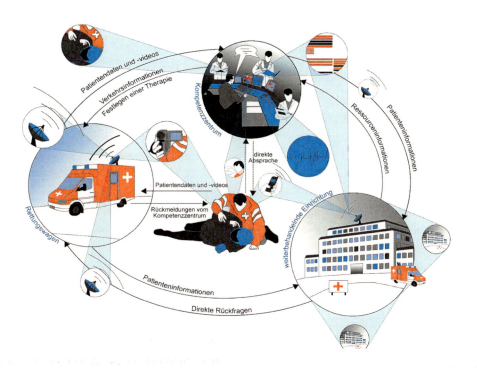

Abb. 5: Telemedizin im Rettungsdienst. Quelle: Skorning u.a. 2009

Von der Einsatzstelle und aus dem Rettungswagen werden Daten, Messwerte und Live-Videos direkt an die Telenotarzt-Zentrale übertragen. Der Notarzt in der Telenotarzt-Zentrale beurteilt die Lage und die Werte. Bei Bedarf holt er zusätzliche Informationen, z. B. bei der Vergiftungszentrale oder in Datenbanken ein und unterstützt das Rettungsteam vor Ort schließlich beim Einsatzablauf und bei der Behandlung des Patienten (vgl. Protogerakis/Gramatke/Henning 2009). Die Konzepte sind somit orientiert an einheitlichen Qualitätsmaßstäben und medizinischen Leitlinien. Das Forschungsprojekt Med-on-@ix könnte somit in Zukunft eine hochqualifizierte notärztliche Hilfe jederzeit zugänglich machen, die Qualität der Patientenversorgung im Rettungsdienst verbessern und die Rettungsdienst-Einsätze effizienter gestalten (vgl. Med-on-@ix 2010).

OFFENE FRAGEN

Die exemplarisch vorgestellten interdisziplinären Innovationsprojekte zeigen die Bedingungen, unter denen Innovationsprozesse in einer globalisierten, sich stetig wandelnden (Arbeits-)Welt gestaltet werden müssen. Dabei ergeben sich zahlreiche Fragen, die sowohl im Hinblick auf die erforderliche Forschung als auch im Hinblick auf die praktische Umsetzung nicht hinreichend beantwortet sind. Einige dieser Fragen seien abschließend gestellt.

- Wie kann ein Arbeiten-im-Alter-Modell aussehen?
- Bei notwendiger und gewünschter Steigerung der Immigranten, wie wollen wir Diversitymanagement verstehen und anwenden?
- Wie gestaltet sich Mitarbeiterqualifizierung in Teams, die über die Welt verstreut sind und aus den unterschiedlichsten Kulturen und sozialen Bedingungen kommen?
- Wie sieht Partizipation und Beteiligungsqualifizierung aus, wenn das Internet als hauptsächliches Kommunikationsmedium verwendet wird? Wie werden in diesem Zusammenhang Blogs, Foren und Wiki die Unternehmenskulturen nachhaltig verändern können?
- Wie sind die Kompetenzen des Homo Zappiens zu bewerten? Wie können diese weiterentwickelt werden? Welche sozialen Spannungen werden dadurch neu entstehen und wird diese Entwicklung die Arbeits- und Verhaltensstrukturen in den Betrieben beeinflussen?

LITERATUR

Bach, U.; Henning, K. (2009): Innovation Rules 2030. In: International Conference of Education, Research and Innovation. Hrsg. v. ICERI 2009: Madrid, 2009. S. 513–521.

Backhaus, W.; Frank, S.; Hees, F. (2008): Professionelles Netzwerkmanagement – Erfolgsfaktor für die Arbeit in Lernenden Regionen. In: Die Lernenden Regionen in NRW, Ergebnisse und Impulse für die Bildungspraxis. Hrsg. v. Klein, Birgit; Wohlfahrt, Ursula: Bielefeld: Bertelsmann Verlag.

Bartsch, E./Diekmann B.: Deutschlands Chancen im Handel mit Dienstleistungen. In: Wirtschaftsdienst 2006 (1), pp. 53–61.

Berkel, B.; Börsch-Supan A.; Ludwig A.; Winter J. (2002). Sind die Probleme der Bevölkerungsalterung durch eine höhere Geburtenrate lösbar?, Abrufbar unter. http://www.mea.uni-mannheim.de/mea_neu/pages/files/nopage_pubs/dp25.pdf.

Berth, R. (1993): The return of innovation. Kienbaum, Düsseldorf.

Bitzer, A. (1991). Beteiligungsqualifizierung zur Gestaltung von technischen und organisatorischen Innovationen, Düsseldorf.

Boeing (2008). Partnerschaft mit Deutschland. Abrufbar unter: http://www.boeing.de/website_27/pages/page_34504/uploads/Boeing%20country%20brochure.pdf.

Brandt, D. (2003): Reflections on human-centred systems and leadership. ARMT Band 48. Wissenschaftsverlag Mainz, Aachen.

Bruhn, M.; Meffert H. (2005). Dienstleistungsmarketing. Grundlagen, Konzepte, Methoden, 5. Auflage, Wiesbaden.

Bryson, John (2009): Hybrid manufacturing Systems & hybrid Products. Trendstudie im Rahmen des BMBF-Hausvorhabens Internationales Monitoring, Birmingham.

Cameron, E. (2004). Multiculturalism and Immigration in Canada, An introductory Reader, Michigan.

Claassen, U. (2006). Wissen ist Macht. In: Innovationsindikator Deutschland 2006, p. 26.

Gassmann, O., Sutter, P. (2008): Praxiswissen Innovationsmanagement. München.

Haberstroh, M./Kochalski P. (2009). Innovation im Netz – Produktentwicklung am Beispiel von Crystal Space. In: GWS Tagungsband 2007 Unternehmenskybernetik 2020 – betriebswirtschaftliche und technische Aspekte von Geschäftsprozessen, Aachen.

Hargadon, A.; Sutton, R. (2000): Building an Innovation Factory. Harvard Business Review 5-6.

Henning, K. (2009). Innovation Champions. In: Schlick, C. (Hrsg.): Methods and Tools of Industrial Engineering and Ergonomics, Heidelberg.

Henning, K.; Hees, F.; Hansen, A. (2009): Surfing Dynaxity. Entwicklungen und Trends in einer globalisierten Arbeitswelt aus Sicht des Internationalen Monitoring. In: Innovationsfähigkeit sichert Zukunft. Beiträge zum 2. Zukunftsforum Innovationsfähigkeit des BMBF. 1. Auflage. Hrsg. v. Gatermann, Inken / Fleck, Myriam: Berlin: Duncker & Humblot. S. 433–445.

Henning, K. (2007): Wie realisieren sich kreative Prozesse? Mit 12 Thesen zur Lust auf Zukunft. In: Invention – Innovation – Wachstum, Wirtschaft trifft Politik 2006, Konrad Adenauer Stiftung. Hrsg. v. Kannengießer, Christoph; Schoser, Franz: Sankt Augustin/Berlin.

Henning, K.; Schmitt, R. (2006): Beteiligung im Veränderungsprozess. In: Tagungsdokumentation »Arbeitsforschung als Innovationstreiber«. Dortmund.

Henning, K.; Hees, F.; Backhaus, W. (2006): Wissen teilen oder Wissen verstecken. Strategische Erfolgsfaktoren im Wissenswettbewerb. In: Ingenieurwissen effektiv managen. VDI-Berichte, Band 1964. S. 189–213.

Henning, K.; Henning, R. (1995): Die Chaosfalle – in turbulenten Umwelten systemisch führen. In: Controller Magazin, Planung und Produktion. Heft 3/1995.

Henning, R.; Strina, G. (2010): Systemische Organisationsberatung. In: Sommerlatte, Tom/Mirow, Michael/Niedereichholz, Christel/von Windau, Peter G. (Hrsg.) (2010): Handbuch der Unternehmensberatung. Organisationen führen und entwickeln. Ergänzbares Informationswerk für Unternehmen und Organisationen der Wirtschaft, für Berater und Beraterverbände. Berlin: Erich Schmidt. Artikel Nr. 3260.

Hunecke, H. (2003): Produktionsfaktor Wissen – Untersuchung des Zusammenhangs zwischen Wissen und Standort von Unternehmen. ARMT Band 45. Wissenschaftsverlag Mainz, Aachen.

Institut für Mittelstandsforschung Bonn (2006): Jahrbuch zur Mittelstandsforschung 2006/1. VVA, Gütersloh.

Isenhardt, I.; Grobe, J. (1997): Selbstorganisierte Teamarbeit und Gruppenlernen im Betrieb. In: Selbstgesteuertes lebenslanges Lernen?. Hrsg. v. Dohmen, Günther: Bonn.

Kistler, E. (2006). Die Methusalem-Lüge, München.

Kommission der europäischen Gemeinschaft (2009): Die Auswirkungen der demografischen Alterung in der EU bewältigen (Bericht über die demografische Alterung 2009). Brüssel.

Kunze, R.; Ramakers, R.; Henning, K.; Jeschke, S. (2010): Organization and Operation of Electronically Coupled Truck Platoons on German Motorways. In: Intelligent Robotics and Applications: Second International Conference, ICIRA 2009. 1. Hrsg. v. Xie, Ming; Xiong, Youlun; Xiong, Caihua; Liu, Honghai: Berlin: Springer Berlin Heidelberg NewYork. S.135-146.

Kunze, R.; Ramakers, R.; Henning, K.; Jeschke, S. (2010): Organization and Operation of Electronically Coupled Truck Platoons on German Motorways. In: Intelligent Robotics and Applications: Second International Conference, ICIRA 2009. 1. Hrsg. v. Xie, Ming; Xiong, Youlun; Xiong, Caihua; Liu, Honghai: Berlin: Springer Berlin Heidelberg NewYork. S.135-146.

Ludwig, J.; Moldaschl, M.; Schmauder, M.; Schmierl, K. (2007): Arbeitsforschung und Innovationsfähigkeit in Deutschland. In: Moldaschl, M. (Hrsg.): Arbeit, Innovation und Nachhaltigkeit. Band 9. Hampp, Mering.

Med-on-@ix 2010: Telemedizin im Rettungsdienst. Abrufbar unter: http://www.medonaix.de/.

Moss-Kanter, R. (1996). Weltklasse. Im globalen Wettbewerb lokal triumphieren, Wien.

OSTO® Systemberatung (2010): Spezifikationsmanagement. Aachen. Abrufbar unter: http://www.osto.de/Spezifikationsprozesse.pdf.

Ottmar, F. (2008): Mittelstand – Schlüsselakteur im deutschen Innovationssystem. Sternenfels.

Protogerakis, M.; Gramatke, A.; Henning, K. (2009): A Telematic Support System for Emergency Medical Services. In: Proceedings of The 3rd International Multi-Conference on Society, Cybernetics and Informatics: IMSCI 2009.

Rürup, B. (2003). Nachhaltigkeit in der Finanzierung der sozialen Sicherungssysteme, Berlin.

Schachtner, C. (2007). Virtualität, Identität, Gemeinschaft. Reisende im Netz. In: Willems, H. (Hrsg.) Weltweite Welten, Wiesbaden.

Simon, H. (2007). Hidden Champions des 21. Jahrhunderts. Die Erfolgsstrategien unbekannter Weltmarktführer. Frankfurt.

Skorning, M., Bergrath, S., Rörtgen, D., Brokmann, J.C., Beckers, S.K., Protogerakis, M. Brodziak, T., Rossaint, R.: »E-Health« in der Notfallmedizin – das Forschungsprojekt Med-on-@ix. In: Der Anaesthesist 2009. Heft 59/ 2009.

Statistisches Bundesamt (Hrsg.) (2006). Bevölkerung Deutschlands bis 2050, 11. koordinierte Bevölkerungsvorausberechnung. Wiesbaden.

Stoffels, B. (2000): Regelkreismodell für die Softwareentwicklung von weltweiten, käufer-gesteuerten Auftragsabwicklungssystemen in der Automobilindustrie. VDI-Verlag, Reihe 10, Informatik/Kommunikation, Nr. 650, Düsseldorf.

Strina, G.; Uribe, J. (2003): Innovationsmanagement – Stand der Forschung, Praxisbeispiele und Perspektiven. In: Henning, K.; Oertel, R.; Isenhardt, I. (Hrsg.): Wissen – Innovation – Netzwerke. Wege zur Zukunftsfähigkeit. Springer, Berlin.

Strina, G.; Uribe, J.; Franssen, M. (2002): Das SENEKA-Innovationsmodell (SIM) als Unterstützung für die Optimierung der betrieblichen Innovationsprozesse. In: Henning, K.; Oertel, R.; Isenhardt, I. (Hrsg.) (2003): Wissen – Innovation – Netzwerke. Wege zur Zukunftsfähigkeit. Berlin Heidelberg New York: Springer Verlag: 106–116.

Unger, H. (1998): Organisationales Lernen durch Teams. Methode und Umsetzung eines teambasierten Projektmanagements. München.

Veen, W./Vraking, B. (2008). Homo Zappiens and its Consequences for Learning, Working and Social Life, Trendstudie im Rahmen des BMBF-Hausvorhabens Internationales Monitoring, Delft.

Verbundprojekt KONVOI (2009): Entwicklung und Untersuchung des Einsatzes elektronisch gekoppelter Lkw-Konvois. Abschlussbericht. Aachen.

WILO (2010): Geniax – dezentrales Heizungspumpensystem. Dortmund. Abrufbar unter: http://www.geniax.de/.

Zukunftskommission Nordrhein-Westfalen (2009). Innovation und Solidarität. Bericht des Vorsitzenden der Zukunftskommission, Düsseldorf.

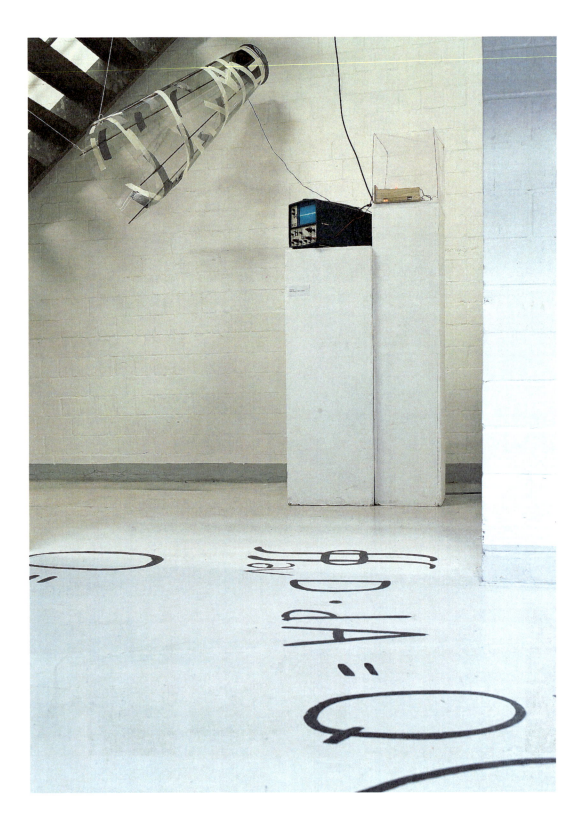

INNOVATION UND INVENTION IM PROZESS DER MALEREI

Jan Kolata

Innovation und Invention

Der ursprüngliche Titel des Vortrags im Rahmen der Ringvorlesung war »Ernste Spiele. Abenteuer Malerei«. Fotos von Arbeitssituationen, Ausstellungen, freigestellten Gemälden – dazu kleine Quicktimefilme waren in eine Bildfolge gebracht. Thema war das Erfinden und Formulieren von Bildern im Malprozess. Über diesen Gegenstand zu sprechen, sah ich mich kompetent, im Unterschied zum Generalthema der Ringvorlesung »Innovation – was ist das?«. So klärte ich das Thema gleich eingangs von Innovation zu Invention (invenire) im Bereich der Malerei, die seit Jahrzehnten mein Arbeitsfeld ist.

Invenire, das heißt, in etwas hineinkommen, aber auch die Begegnung mit dem Entgegenkommenden. In dieser Doppelbedeutung von Aktion und wachem Abwarten liegt das Potenzial für Überraschung, Findung und Erfindung.

Innovation braucht die ihr vorangehende Invention, übersteigt sie aber, indem sie die historische und gesellschaftliche Erstmaligkeit und auch die wirtschaftliche Verwertbarkeit des Innovierten einschließt (Beispiel Dampfmaschine). Das sind Bereiche, die man als Maler nicht in der Hand hat und so hätte es pure Spekulation bedeutet, mich darüber zu äußern. Gleichwohl ließ ich einige spekulative Erweiterungen zum Ende des Vortrags folgen.

Da ich den Vortrag frei gehalten hatte, mich an den Sequenzen der Bildfolge orientierend, lag es nahe, für die vorliegende Publikation etwas Neues zu machen. Im Folgenden also, in der Rückschau und im neuen Bedenken, zeige ich die Kernpunkte meiner Selbstbeobachtungen beim Malen und daraus folgend meine (auch widersprüchlichen) Faktoren für Invention.

Der malerische Prozess besteht aus vielen interagierenden, recht unterschiedlichen Momenten, die schließlich im Bild münden und dort abschließend eine

Abb. links: Arbeit von Jacob Dawid, Fabian Menke

Ganzheit bilden (es heißt ja Bild und nicht Gebilde). Dieses vielschichtige Geschehen in Einzelfaktoren zu zerlegen, birgt neben der Chance einer Klärung immer auch die Gefahr des Vereinfachens und Schönens. Auf einmal hat man eine in sich plausible Konstruktion, die so nie stattgefunden hat. Außerdem lassen sich in der sprachlichen Formulierung, die ja immer ein zeitliches Nacheinander ist, Wiederholungen nicht vermeiden bei der Schilderung eines Geschehens, das man sich eher wie einen komplexen Raum mit sich vielfach verknüpfenden, interferierenden Punkten vorzustellen hat.

Intensität

Ein Moment im Bedürfnis, Kunst zu machen, oder überhaupt Künstler zu sein, ist sicherlich der Wunsch, der so erfahrenen oder befürchteten Monotonie des Lebens zu entkommen und dieses wieder ganz intensiv zu spüren. Es geht also um die Intensität des Erlebens als elementares Bedürfnis. In der Kunst, um die Rede von den »Ernsten Spielen« aufzunehmen, finden wir uns in der paradoxen Situation, der Lebenslangeweile im Abenteuer entkommen zu wollen, um dann, dort angelangt, sogleich wieder in Konfrontation mit dem Ernst zu stehen, der ja eigentlich als dem Leben zugehörig gilt und dem wir doch im Spiel entkommen wollten. Doch ohne diesen Ernst, und der meint immer »auf Leben und Tod«, wäre das Spiel bloß banal. Intensität durch das Wissen um Endlichkeit. Erwin Heerich hat gesagt, dass ihn mit zunehmendem Alter immer mehr die Intensität eines Künstlers, nicht so sehr die Innovation interessiere.

Risiko und Krise, Scheitern und Turnaround

Für meine Malerei gilt, dass die Möglichkeit des Scheiterns, die ja erst die Lust am Gewinn ermöglicht, immanent ist. Ich ermale die Bilder im Malprozess, der immer Risiko ist, weil im Ziel nicht vorhergewusst. Das Ergebnis ist nie konzeptuell vorformuliert (Skizze, Entwurf), denn das würde mir das Malen zu einem handwerklichen, arbeitssschrittigen Verfahren mindern und mich um Chance und Risiko des Gelingens bringen.
Wohl sind die Voraussetzungen und äußeren Bedingungen abgesteckt. Die Größe des Arbeitsraums und des Formats, einige Farben sind angerührt, in unterschiedlicher Viskosität, von dünn-flüssig bis dick-puddingartig. Die Bildflächen liegen vor mir auf einem tanzbodenartig erhöhten Podest. Ich schütte Malfarbe auf das auf Keilrahmen gespannte rohe Segeltuch (ungeleimt, ungrundiert). Ein Farbteich bildet sich, wächst nach außen und findet seine äußere Kontur. Er ge-

fällt mir, ich lasse ihn stehen. Oder ich ziehe ihn ab mit einer Putzflitsche (Doppellippe), die Restfarben fließen in unter den Podestrand gestellte Blumenkästen. Dort mischen sie sich zu neuen Braun-, Umbra- und Grautönen. Oder ich halte die Leinwand schräg und lasse den Farbteich auslaufen. Oder ich beginne mit dem fester eingestellten Malstoff, setze einen Farbhaufen auf die Bildfläche, rühre mit den Händen darin herum. Und so weiter.

Der Anfang beim Malen kann spielerisch sein wie ein Dahergesagtes, einfach um erst einmal etwas zu behaupten. Wie in einem Gespräch kann es dann im Verlauf zu Widerspruch und Streit, Vertiefung und Formulierung eines Gedankens kommen, bis dann vielleicht wieder alles aufs Spiel gesetzt wird in totaler Antithese, nur leichter Modifikation oder Neubeginn, auch in der letzten Phase. Ich versuche, das Ende so lange wie möglich offenzuhalten. Hier geht es in jedem Schritt immer wieder aufs Ganze. Ein Bild fertig zu malen (das hieße partiell), macht es fertig (es verliert seine Ganzheit, wird gebastelt).

Unvorhergesehenes

Entscheidend für Invention ist, dass man entdeckt, wo man nicht gesucht hat. Picasso: Ich suche nicht, ich finde. Für meine Malerei kann das zum Beispiel heißen, einmal alles falsch zu machen. Wenn sich eine Erfindung bereits zu einem System

verfestigt hat, diese wieder aufweichen, indem ich bisher abgelehnte Mittel nun doch zulasse. Figuration, obwohl ich doch abstrakt malen will. Mit den Händen direkt malen, obwohl ich doch größtmögliche Distanz zum Programm gemacht hatte. Dem Kompositionsschema, das sich trotz allen Dagegenhaltens nun vielleicht doch eingeschlichen hat, gegensteuern. Entscheidend ist, dass dies nicht permanent betrieben wird, sondern im richtigen Moment (Kairos). Zum Beispiel, wenn das eigene System sozusagen in die Spätphase einer Orthodoxie abzusacken droht, dass man immer schon alles vorherweiß, die Routine überhand nimmt.

Sich auf Terra Incognita zu begeben, kann die Strategie sein, um das Unvorhergesehene, Unbekannte zum Vorschein zu bringen. Natürlich lauern hier auch Irrtum und Scheitern. Dennoch gilt: An der Schnittfläche zwischen Routine und Unbekanntem ist Spannung und das Neue zu entdecken. Viele populär gewordene Beispiele gibt es, in wie außerhalb der Kunst. Angefangen bei der Erfindung des Porzellans in Europa, obwohl Goldmachen eigentlich das Ziel und in China schon längst das Porzellan erfunden war, bis zum gelungenen Turnaround der Firma Apple nach dem Wiedereinstieg Steven Jobs. Um gewinnen zu können, muss man schon einmal verloren haben. Kostolany meinte, dass erst der ein guter Spekulant sei, der schon mindestens dreimal Pleite gemacht habe.

Meine Lieblingsbilder sind immer die, von denen ich weiss, dass sie gescheitert waren (und die dann doch noch funktioniert haben). Weil sie eben an dieser

Schnittstelle zum Scheitern entstanden sind. Das Verworfene bleibt unsichtbar, aber doch im ausgelöschten Grund präsent, und es steigen aus diesem unsichtbaren, verworfenen Untergrund die Erfahrungen des Scheiterns gleichsam palimpsestartig auf zu dem neuen Geglückten an die Oberfläche. Dazu passt die größere Freude über die Heimkehr des verlorenen Sohnes als über die prosperierende Verlässlichkeit des angepassten Sohnes.

Aufmerksamkeit

Das Neue kann also aus einem Anders-Machen, aus der Revolte und Destruktion des Geläufigen resultieren. Es gibt aber auch den anderen Weg. Das intensive Sich-Einlassen und Erfahren eines schon Vertrauten, Altbekannten, das dann wieder wie zum ersten Mal, als etwas Neues erfahren werden kann. Also keine permanente Revolution, sondern die vertiefend erneuernde Aufmerksamkeit für das vermeintlich Bekannte. Beispiel: gregorianische Gesänge (Stift Heiligenkreuz) in den britischen Top Ten (2008).
Die innere Haltung ist entscheidend, dass etwas gelingen kann. Man vermag sie zu wecken und zu richten durch Einfindungshandlungen, die spielerisch das Eigentliche eröffnen. In meinem Fall kann das sein, erstmal Kaffee zu trinken (Ritual des Kaffemahlens, Kaffemehl in den Siebträger füllen, den optimalen Andruck finden, sich über die gelungene Crema freuen, wie es riecht, duftet, das verströmende Aroma), Zeitung zu lesen, aufzuräumen oder vielleicht verschiedene Farben anzurühren (ohne zu wissen, was ich damit machen will). Eine Art, leer zu werden, um möglichst unvoreingenommen, ohne die Zielvorstellung »Gemälde«, an das Malen heranzugehen. Dieses Hinauszögern, Aufschieben sorgt für den nötigen Druck und die spannungsgeladene Wachheit. Auch das Kehren des Atelierbodens (180 qm) kann einstimmend auf das Malen sein, eine Art unsicht-

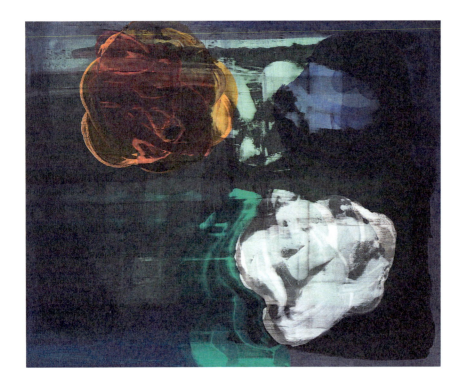

bares Malen, Luftmalen. Dazu passt ein Erlebnis im letzten November in China. Auf einem großen gepflasterten Platz in Wuhan malte ein alter Mann, ausgerüstet mit einem Eimer Wasser und einem langstieligen Pinsel, in ganzkörperlicher, fast tanzender Bewegung ein seine Körpermaße übersteigendes Schriftzeichen aufs Pflaster. Gestalt und Ausdehnung des Zeichens bestimmten die beinah choreographisch anmutende Spur, ein Schriftzeichen, das in prägnanter Schwärze auf dem Pflaster stand, um dann wieder zu verdunsten.
Die innere Haltung ist immer entscheidend, das Bild die sichtbare Spur.

Vorstellungskraft, Bereitschaft

Inventionen kommen meist unverhofft und ungeplant. Deswegen heißt es, genau dann am rechten Ort zu sein. In Neuseeland sollen sich die Surfer per Handy verabreden, wann und wo die größte Welle zu erwarten steht. Ich muss also nicht nur bereit sein, sondern auch am richtigen Ort (in meinem Fall das Atelier). Wie blitzartig kann die entscheidende Idee auftauchen im Malprozess, nach zähen Phasen, die es auszuhalten, durchzustehen gilt. Ich vermeide es, vor dem Malen Ideen zu haben. Denn dann müsste ich beim Malen quasi den Ideen hinterherarbeiten. Deswegen auch die Einfindungshandlungen, die einen innerlich leer werden lassen und die Aufmerksamkeit für das, was ist, fördern. Der glücklichste Moment beim Malen ist für mich, wenn das eigene Handeln in den Flow eines Geschehens gezogen wird, in dem »es auf einmal passiert«. Wenn Malfarbe auf Leinwand auf einmal zum Bild von etwas wird, wenn ein bis dahin rein faktischer Sachverhalt umschlägt in agierende Bedeutung. Voraussetzung dafür ist das Schauen, das Speichern äußerer zu inneren Bildern. Ich muss über einen inneren Bildervorrat verfügen, um einen Vergleichsmaßstab in mir für die im Malen auftauchenden Bilder zu haben. Um urteilen zu können, ob sie tragfähig sind fürs entstehende Bild. Denn im Bild geht es immer um die Bedeutung von etwas. Denn auch die Selbstreferenzialität eines abstrakten Gemäldes bezieht sich auf etwas, das es bedeutet, eben auf sich selbst.

Mangel und Widerstände

Unzufriedenheit mit den Bedingungen, Klage über mangelnde Voraussetzungen als Hindernis für eigene Leistung bringen nichts. Gerade den hinderlichen Umständen sind oft die Inventionen zu danken. Beeindruckt hat mich in diesem Zusammenhang der südafrikanische Maler, der in Ermangelung der ersehnten Ölfarben anfing, die in Soweto umherfliegenden Plastiktüten in kleine Stücke zu zerreißen und diese Farbfetzen wiederum auf Plastikfolien als Träger aufzulöten (mit wachsendem Erfolg, Mbongheni Richman Buthelezi). Und verblüfft war ich,

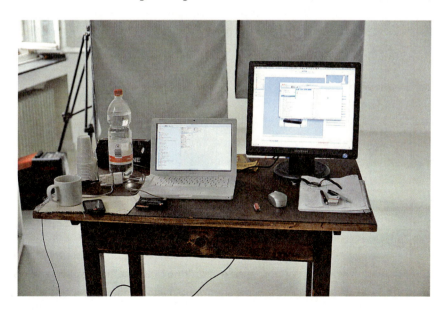

als sich das mir bei seinem Wegzug aus Düsseldorf angebotene Atelier eines Malers, dessen Riesenformate mich selbstverständlich ebensolche Ateliergröße hatten erwarten lassen, als ein simples Kinderzimmer in einer Normalwohnung herausstellte. Er hatte die großen Bilder einfach um die Zimmerecken herumgemalt. Man kann den Widerstand auch selbst setzen, indem man sich eine ungeliebte Aufgabe stellt. Bei mir waren das einmal meine persönlichen Hassfarben (Grün, Braun, Violett), mit denen zu malen ich mir aufgegeben hatte.
Picasso: Hast du kein Rot, nimm Blau.

Verantwortung

Und schließlich: Damit aus einer Invention vielleicht auch eine Innovation werden kann und die eigene Erfindung weitere Spuren zieht, muss ich sie ernst nehmen und bereit sein, in Verantwortung für sie zu treten. Verantwortung heißt, zu den Entscheidungen zu stehen, die man getroffen hat, sie zu vertreten und zu kommunizieren. Es gibt keinen Maler, Künstler, der nur für sein stilles Atelier arbeitet. Kunst machen ist per se Mitteilung. Und gerade Erfindungen müssen kommuniziert werden, da sie der Motor für neue Strömungen sein können.
Ein Eye-Opener war für mich der Vortrag des Malers Norbert Schwontowski an der Kunstakdemie Basel, der von diesem, für ihn initiativen Rat des Bildhauerfreundes Hubert Kiecol erzählte: »Übernimm Verantwortung für Deine Bilder!«

Innovation und Authentizität

Bei aller strategischen Überlegung ist entscheidend, authentisch zu bleiben. Es reicht nicht, in einer Art antizyklischen Strategie genau das Gegenteil zu tun von dem, was alle anderen tun. Deckt sich der Gegenstand wirklich mit meinem Interesse, mit meinem Selbst? Oder verhalte ich mich zunehmend reaktiv auf andere?

Es geht darum, einen Rhythmus, einen spannungsvollen und sichernden Einklang mit dem, was ich tue, zu finden. Die wiederholende Routine (wortwörtlich und diesmal positiv gemeint, von la route, Straße, Weg, Richtung) also macht durchaus Sinn. Sie setzt hilfreiche Rituale, die einen konditionieren, ohne viel nachzudenken schneller ins Arbeitsfeld, in die Materie zu kommen.

Wenn die Identität zur eigenen Arbeit erreicht ist, kann ich den richtigen Moment für ein notwendiges Andersmachen, einen Richtungswechsel treffen. Im rhythmisierten, wiederholenden Tun sind die Defizite fast körperlich zu spüren, die einen, mitunter krisenhaft, dazu bringen, die Routine zu modifizieren oder gar entscheidend zu ändern. Umfang und Maß sind dann zu erproben.

»There is no progress in art, any more than there is progress in making love. There are simply different ways of doing it.«

Man Ray, 1948

Fotografien aus meinem Atelier von
Ulrich Baatz, Düsseldorf (2, 5, 7, 8) und
Jan Kolata (1,3,4,6)

KONSTRUKTIONSMETHODIK ALS HILFSMITTEL FÜR INNOVATIONEN AUCH IN NICHT TECHNISCHEN BEREICHEN

Bernd Künne und Björn Palm

EINLEITUNG UND ZIELSETZUNG

In vielen Bereichen sind Innovationen von immenser Bedeutung. Während es in gewissen Teilgebieten hierfür vorgegebene Systematiken gibt, bestehen dennoch zahlreiche Anwendungsgebiete, in denen Innovationen einzig und allein von der Kreativität des Bearbeiters oder der Bearbeiterin abhängen. Gelingt es, hierfür geeignete Methoden zur Unterstützung zu entwickeln oder bereits vorhandene Methoden aus anderen Gebieten hierauf anzuwenden, besteht ein erhebliches Potenzial zur Steigerung der Innovationsfähigkeit. Im Maschinenbau, insbesondere im Bereich von Konstruktion und Entwicklung, besteht eine seit längerer Zeit etablierte Vorgehensweise, die sogenannte Konstruktionsmethodik. Diese läuft in definierten Schritten ab und hilft dem Konstrukteur, geeignete Lösungen durch Kombination vorhandener Lösungen zu finden, aber auch neue Lösungswege mithilfe von Kreativitätstechniken zu beschreiben. Auf diese Art und Weise entstehen innovative Lösungen, die in der modernen Technik kaum noch wegzudenken sind.

In anderen Themengebieten, beispielsweise in künstlerischen Bereichen, scheint dagegen diese Methodik nicht vorhanden zu sein oder zumindest nicht angewendet zu werden. Es stellt sich daher die Frage, ob diese seit langer Zeit im technischen Bereich bewährten Methoden auf andere, gegebenenfalls auch auf thematisch weiter entfernt liegende Bereiche übertragen werden können, um so den bearbeitenden Personen zusätzliche Hilfsmittel zur Steigerung ihrer Kreativität und zur Ermöglichung von Innovationen zu geben.

Im Folgenden sollen verschiedene Projekte gegenübergestellt werden, um daran diese Übertragbarkeit untersuchen zu können. Es handelt sich dabei zum einen um ein Themengebiet, das grundlegend im Maschinenbau verankert ist, nämlich die Drehmomentübertragung zwischen zwei im Raume aneinander vorbeilaufenden Wellen. Auf der anderen Seite sollen Produkte aus nicht technischen Bereichen, insbesondere aus der Kunst und aus der Popmusik, betrachtet werden. Hier ist das Werk vermeintlich einzig und allein basierend auf der Kreativität und Innovationsfähigkeit des Künstlers entwickelt worden. Wenn nachgewiesen werden kann, dass vergleichbare Randbedingungen wie in der Konstruktion vorliegen, können unter gewissen Randbedingungen konstruktionsmethodische Vorgehensweisen auch hier helfen, Innovationen zu entwickeln.

KONSTRUKTIONSMETHODISCHES VORGEHEN IM MASCHINENBAU

Innovation ist das Kerngebiet des Ingenieurs, wie schon aus der Berufsbezeichnung hervorgeht; sie stammt aus dem Lateinischen: »Ingenium, -i« (n), was mit »Kreativität, Einfall« bzw. »Idee« oder auch »sinnreiche Erfindung« übersetzt werden kann. Der Begriff Innovation leitet sich vom lateinischen »innovatio« ab, was übersetzt »Erneuerung« oder »Veränderung« bedeutet, wobei bereits die Begriffsherkunft einen Zusammenhang zum Ingenieur erkennen lässt. Die Innovation kann also als ureigene Verpflichtung des Ingenieurs angesehen werden, welche die Voraussetzung für die Ausübung seiner Tätigkeit darstellt und somit die Basis für ein erfolgreiches Berufsleben bildet. Bei genauerer Betrachtung wird klar, dass ohne Innovationen im Maschinenbau (im weitesten Sinne) nicht einmal das Rad erfunden wäre.

Betrachtet man als Ausgangspunkt für innovative Produkte die Konstruktion und Entwicklung, so folgt daraus, dass hier der Bedarf für entsprechende Hilfsmittel zur methodischen Auffindung neuer Lösungen am größten ist. Seit etwa 50 Jahren besteht die sogenannte Konstruktionsmethodik, die damit, verglichen mit anderen Disziplinen und Methoden, beispielsweise mathematischen Formeln usw., eine noch relativ junge Wissenschaft darstellt.

Ziel der Konstruktionsmethodik ist ein systematisches Durchdringen einer Aufgabe und ihrer Lösung mit den Zielen, die bearbeitenden Personen dabei zu unterstützen, bei zunächst unbekanntem Lösungsweg überhaupt eine Lösung zu finden oder bei bekannten Lösungsmöglichkeiten bessere Lösungen zu entwickeln. Basis hierfür ist ein Ablauf in definierten Schritten, die in Bild 1 vereinfacht dargestellt sind.

Bild 1: Schritte der konstruktionsmethodischen Vorgehensweise

Im ersten Schritt wird eine Anforderungsliste erstellt. Zunächst einmal gilt es hierbei zu klären, welche Anforderungen überhaupt an das Produkt gestellt werden. Dies sind einerseits bekannte Anforderungen, teilweise aber auch verdeckte bzw. unbewusst vorhandene Forderungen und Wünsche, die in der Regel noch durch gesetzliche Vorschriften (z. B. Sicherheitsvorschriften) ergänzt werden. Es ist zu klären, welche Funktionen (»was tut das Produkt«) und Eigenschaften das Produkt haben muss, haben soll und nicht haben darf. Weiterhin ist zu klären, welche dieser Eigenschaften sog. Festforderungen sind, die nicht zu umgehen sind; hierzu gehören beispielsweise Sicherheitsvorschriften. Auf der anderen Seite stehen die Wünsche, die das Produkt nach Möglichkeit, aber nicht unbedingt zwingend erfüllen soll. Um eine belastbare Grundlage für die weitere Bearbeitung zu erhalten, ist es erforderlich, zu prüfen, ob die Anforderungen eindeutig, realistisch, wirklich notwendig oder auch ggf. widersprüchlich sind. Die Anforderungsliste stellt dann eine strukturierte tabellarische Zusammenstellung aller Anforderungen dar. In technischen Bereichen ist die Anforderungsliste die wichtigste Basis zwischen den Vertragspartnern. Vergleichbar ist sie in gewissen Grenzen mit der Produktspezifikation, die einem Kaufvertrag, beispielsweise eines Autos, zugrunde liegt. Gelingt es auch in nicht technischen Bereichen, für ein Projekt eine Anforderungsliste zu erstellen, ist die wesentliche Basis geschaffen, die die Verwendung konstruktionsmethodischer Vorgehensweisen ermöglicht.

Im zweiten Schritt muss die bearbeitende Person herausfinden, was der wichtigste Problembereich ist, also die Thematik, die zuerst bearbeitet werden muss. Dies bezeichnet man als die Hauptfunktion. Bei einer Skulptur beispielsweise könnte die Formgebung im Vordergrund stehen, während nach deren Festlegung die Farbgebung einen nachgeschalteten Schritt darstellt. Um die Hauptfunktion (Kernziel) aufzufinden, ist es erforderlich, die Anforderungen aus der Anforderungsliste zu abstrahieren. Dieses erfolgt, indem zunächst die Wünsche gedanklich weggelassen werden, da deren Erfüllung nicht zwingend erforderlich ist. Weiterhin werden alle quantitativen Angaben (z. B. Abmessungen, Gewichte usw.) entfernt, da davon ausgegangen werden kann, dass eine Lösung nachträglich z. B. an geforderte Größen anpassbar ist, wenn denn zunächst überhaupt eine Lösung gefunden worden ist. Aus den verbleibenden Festforderungen sind dann die weniger wichtigen zu entfernen, sodass nur wenige, im Idealfall nur eine, übrig bleibt. Diese Festforderung definiert dann die Hauptfunktion des Produktes.

Unter günstigen Bedingungen werden für die Hauptfunktion unmittelbar eine oder mehrere Lösungen gefunden. Um entweder weitere Lösungen entwickeln zu können oder um bei komplizierten Aufgabenstellungen überhaupt eine Lösung aufzufinden, erfolgt im dritten Schritt eine Untergliederung in Teilfunktionen, die in einer Funktionsstruktur dargestellt werden können. Hieraus gehen die logischen Zusammenhänge hervor, die im Produkt ablaufen müssen. Beispielsweise muss an einer Stelle ein Messsignal erfasst werden, das dann an eine Steuerungseinheit weitergeleitet wird, die ihrerseits einen Energiefluss freigibt. Als Beispiel kann eine herkömmliche Lichtschaltung im Treppenhaus eines größeren Hauses genannt werden: Wird ein Lichtschalter betätigt, wird ein Signal an einen Zeitschalter weitergeleitet, der den Energiefluss steuert, also das Licht einschaltet, und gleichzeitig die Messung einer Zeit startet, nach deren Ablauf der Energiefluss wieder unterbrochen wird, das Licht also wieder ausgeschaltet wird. Die Darstellung dieses logischen Zusammenhanges kann in der Funktionsstruktur erfolgen.

Eine Variation der Funktionsstruktur im vierten Schritt führt zu weiteren Lösungsvarianten: Im Beispiel der Treppenlichtschaltung könnte erst das Licht eingeschaltet und danach die Zeit bis zum Abschalten gestartet werden oder umgekehrt. Da die Vorgänge sehr schnell erfolgen, wäre dies für den Benutzer unerheblich, für den Entwickler der entsprechenden Anordnung jedoch die Möglichkeit, zwei oder ggf. noch mehr Varianten zu verfolgen; es sind also weitere neue Lösungsmöglichkeiten geschaffen worden.

Im fünften Schritt erfolgt zu guter Letzt nach einer Bewertung der Lösungsvarianten die Umsetzung der besten gefundenen Lösung, im obigen Beispiel also die entsprechende Schalteinheit für das Treppenlicht.

BEISPIEL AUS DEM MASCHINENBAU: »WINDSCHIEFE WELLEN«

Zur Verdeutlichung soll das folgende Beispiel aus dem Maschinenbau dienen, Bild 2: Zwei Wellen laufen im Raume in einem vorgegebenen Abstand (hier 50 mm) aneinander vorbei, ohne sich zu schneiden, und sie kreuzen sich unter 90°;

sie verlaufen also im mathematischen Sinne windschief zueinander. Zwischen beiden Wellen soll eine Drehbewegung übertragen werden, sodass sich beide Wellen gleich schnell drehen.

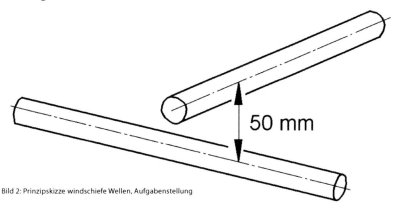

Bild 2: Prinzipskizze windschiefe Wellen, Aufgabenstellung

Diese Aufgabenstellung ist sehr allgemein formuliert; es fehlen wesentliche Angaben, die zunächst erfasst werden müssen: Beispielsweise ist nicht angegeben, welche Drehmomente übertragen werden müssen, welche Fertigungsmöglichkeiten und Materialanforderungen bestehen, um das gewünschte Produkt her-

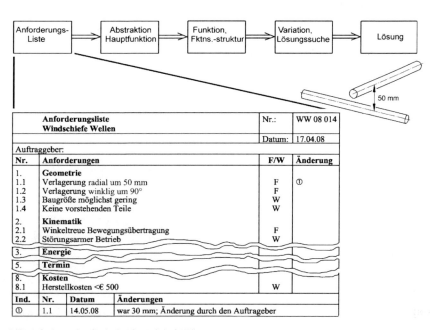

Bild 3: Anforderungsliste für das Projekt windschiefe Wellen

zustellen, welche Liefertermine, Kostenrahmen usw. gewünscht oder gefordert sind. Es ist also die erste Aufgabe bei der Bearbeitung, eine Anforderungsliste zu erstellen. Ein vereinfachtes Beispiel ist in Bild 3 dargestellt.

Diese Aufgabenstellung ist zunächst sehr allgemein formuliert; weitere wesentliche Angaben fehlen.

Im zweiten Schritt wird durch die Abstraktion (Weglassen der Wünsche, der Zahlenangaben und der weniger wesentlichen Forderungen) die Hauptfunktion bzw. ggf. einige wenige Hauptfunktionen abgeleitet. Im vorliegenden Fall bestehen zwei Hauptfunktionen: »Verlagerung radial (um 50 mm)« und »Verlagerung winklig (um 90°)« (hier und im Folgenden sind die Zahlenangaben nur zum besseren Verständnis aufgeführt).

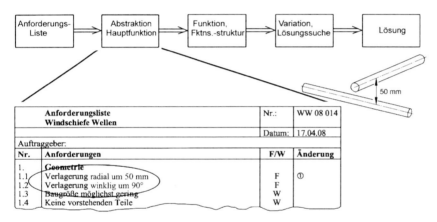

Bild 4: Auffinden der Hauptfunktion(en) durch Abstraktion der Anforderungsliste

Nachdem die Hauptfunktion ermittelt worden ist, kann sie nun als Black-Box-Darstellung gezeichnet werden, d. h. als Kasten mit der Angabe der Größen, die in das System hineingehen und die herauskommen, sowie der Beschreibung der Hauptfunktion selbst in der Black Box, Bild 5.

An dieser Stelle ist die Frage zu stellen, ob bereits eine Lösung bekannt ist, die die Hauptfunktion erfüllt. Dies kann beispielsweise das dargestellte Schraubradgetriebe sein. Insbesondere, wenn keine Lösung gefunden wurde – das

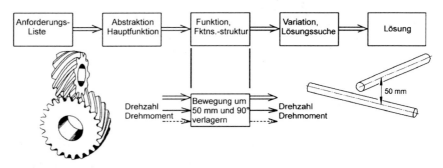

Bild 5: Black-Box-Darstellung der Hauptfunktion und Schraubradgetriebe als eine mögliche Lösung (Zahnräder nach /DEC92/)

Schraubradgetriebe ist eine weniger geläufige und auch im Maschinenbau weniger bekannte Anordnung – ist die Hauptfunktion weiter aufzuschlüsseln, wobei die Funktionsstruktur entsteht. Hierdurch entstehen einfachere Teilsysteme, für die dann Lösungen gefunden werden können. Sollte dieses nicht funktionieren, muss weiter aufgegliedert werden, bis die Teilfunktionen auf bekannte Lösungen zurückgeführt sind. Im vorliegenden Beispiel führt dies auf die einfach umzusetzenden Teilfunktionen »Bewegung radial verlagern«, die durch die bekannte Lösung »Stirnradgetriebe« realisiert werden kann, und die Funktion »Bewegung winklig verlagern«, für deren Umsetzung dem Konstrukteur das Kegelradgetriebe bekannt ist, Bild 6.

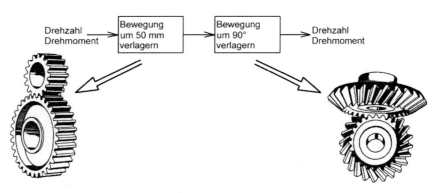

Bild 6: Aufgliederung der Hauptfunktion in zwei Teilfunktionen, so dass Lösungen gefunden werden können (Zahnräder nach /DEC92/)

Ein breiteres Lösungsspektrum kann durch die Variation der Funktionsstruktur gewonnen werden. In dem gezeigten einfachen Beispiel können die beiden Teilfunktionen vertauscht werden, sodass zwei Lösungen gefunden werden, Bild 7.

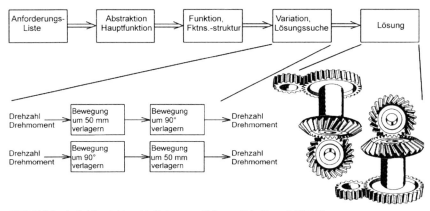

Bild 7: Variation der Funktionsstruktur und Auffinden von zwei Lösungen (Zahnräder nach /DEC92/)

ÜBERTRAGBARKEIT DER KONSTRUKTIONSMETHODIK

Das beschriebene Beispiel ist aus technischer Sicht sehr einfach gehalten, dürfte aber auch für Nichttechniker gut nachvollziehbar sein. In diesem Zusammenhang ist interessant, dass es zur Zeit der Entwicklung und Einführung der Konstruktionsmethodik vor etwa 50 Jahren namhafte Vertreter aus wissenschaftlichen Bereichen des Maschinenbaus gegeben hat, die dieser Neuerung eher ablehnend gegenüberstanden. Hier wurden Theorien entwickelt, die besagten, dass ein Konstrukteur einen schöpferischen Prozess durchläuft, der von zahlreichen Ideen gestützt wird, die ihm während seiner Arbeit einfallen, ähnlich einer vermeintlichen künstlerischen Vorgehensweise. Eine Systematisierung wäre dagegen kaum möglich. Gestützt wurden solche Aussagen durch Beispiele erfahrener Konstrukteure, die für eine definierte Problemstellung exakt die passende Lösung bereit haben.

Tatsächlich finden sich in der konstruktiven Praxis immer wieder Beispiele dafür, dass erfahrene Personen vermeintlich auch ohne konstruktionsmethodische Vorgehensweisen sehr gute Lösungen finden. Beispielsweise wird dabei für eine spezielle lineare Bewegungsaufgabe der Einsatz eines Pneumatikzylinders als beste Lösung vorgeschlagen. Es ist relativ leicht nachzuvollziehen, dass ein derartiger Vorschlag nicht aus einer momentanen Eingebung entstanden ist, sondern vielmehr das Ergebnis der beschriebenen konstruktionsmethodischen Vorgehensweise darstellt. Allerdings ist dieser Vorgang nicht auf dem Papier, sondern im Kopf der bearbeitenden Person abgelaufen: Als Voraussetzung sind bestimmte Anforderungen definiert worden, beispielsweise u. a. geringe Verletzungsgefahr durch Einklemmen, Vermeidung von Verunreinigungen durch Ölverluste usw. Für die geforderte Funktion stehen dem erfahrenen Konstrukteur zahlreiche Lösungen zur Verfügung, beispielsweise Zahnrad-Zahnstangen-Getriebe, Hydraulikzylinder usw. Nach einer Bewertung dieser Lösungen anhand der Anforderungen kann dann die vorgeschlagene Lösung ausgewählt werden. Es konnte also gezeigt werden, dass erfahrene Konstrukteurinnen und Konstrukteure immer systematisch vorgehen. Häufig werden diese Vorgehensweisen jedoch nicht schriftlich, sondern im Kopf durchlaufen. Besser ist in jedem Fall eine schriftliche (ggf. handschriftliche) Bearbeitung, da hierdurch die durchlaufenen Schritte dokumentiert werden.

Es stellt sich nun die Frage, inwieweit die im Maschinenbau mittlerweile etablierte Vorgehensweise der Konstruktionsmethodik auf Bereiche außerhalb der Technik übertragen werden kann und ob dort ähnliche wie die beschriebenen Prozesse bei der Lösungsfindung gedanklich bei der bearbeitenden Person ablaufen. Wie bereits erläutert, ist die erste erforderliche Bedingung das Vorhandensein von Anforderungen in Form von Festforderungen und Wünschen, die in einer Anforderungsliste festgehalten werden können. Ist dies erfüllt, besteht eine realistische Chance auf Anwendung der zuvor beschriebenen methodischen Vorgehensweisen. Dieses soll im Folgenden anhand einiger Beispiele überprüft werden.

BEISPIEL: »SCHWAMMKUBUS«

Vor dem Maschinenbaugebäude der Technischen Universität Dortmund befindet sich ein Werk des Künstlers Ralf Friedrich, das den Namen »Schwammkubus« trägt, Bild 8. Hieran soll überprüft werden, ob die beschriebene Methodik bei der Entstehung des Lösungsgedankens zu diesem Werk hätte verwendet werden können bzw. ob auch bei dem Erschaffungsprozess von Kunstwerken dieser Art methodisch vorgegangen wird.

Das Werk besteht aus einem Schwamm, der sich zwischen zwei waagerecht angeordneten Stahlplatten befindet. Diese Bauteile sind auf einer Betonsäule angeordnet, die mechanische und steuerungstechnische Komponenten enthält sowie den Schwamm mit Wasser versorgt. Mittels geeigneter Messtechnik sollen die vorbeigehenden Menschen gezählt werden. Beim Erreichen einer vorgegebenen Anzahl soll der Schwamm über einen geeigneten Mechanismus zusam-

Bild 8: »Schwammkubus« des Künstlers Ralf Friedrich

mengezogen und damit ausgedrückt werden. Nach einer gewissen Zeit soll er wieder in den Ausgangszustand zurückgeführt werden. Im Laufe der Zeit rosten die nicht korrosionsgeschützten Stahlplatten, sodass durch das Wasser kleinste Rostpartikel transportiert werden und sich an dem Sockel ablagern, sodass dieser rostbraun eingefärbt wird.

Gemäß einer Pressemitteilung der Technischen Universität Dortmund vom 29.06.1998 »bezieht sich Ralf Friedrich auf den Ort, die Tätigkeiten der Menschen vor Ort und den Gegensatz der verwendeten Materialien.«

Auch bei künstlerisch nicht vorgebildeten Betrachterinnen und Betrachtern ruft das Werk bestimmte Assoziationen hervor, von denen angenommen werden kann, dass sie der Künstler bewusst provozieren möchte: Der Schwamm assoziiert die Bildungsstätte in Form von Tafel und Schwamm; verstärkt wird dieser Effekt durch das Auswringen des Wassers von Zeit zu Zeit. Anzumerken ist, dass das Werk vor der nahezu vollständigen Verwendung von powerpoint und Verdrängung des Mediums Tafel entstanden ist. Mit der rostbraunen Farbe des oxidierten Metalls und den entstehenden sogenannten Rostläufern am Betonsockel wird eine Verbindung zur Region Ruhrgebiet geschaffen, die lange Zeit durch Stahlwerke und Kohleabbau geprägt war. Weiterhin stellt die Mechanik im Inneren des Werks eine Verbindung zur Fakultät Maschinenbau her, vor deren Gebäude das Werk aufgestellt ist. Insgesamt verbildlicht der »Schwammkubus« die Begriffe Lehre, Maschinenbau und Ruhrgebiet. Im Folgenden wird davon ausgegangen, dass diese Verbildlichung eine Zielrichtung ist, die der Künstler bewusst bei der Erstellung des Werks angestrebt hat. Anders herum betrachtet wäre beispielsweise die Darstellung einer Comic-Figur zwar für ein Filmstudio oder einen Kindergarten geeignet, im vorliegenden Fall jedoch eher unbrauchbar.

Geht man davon aus, dass der Künstler die Wirkung seines Kunstwerks bewusst angestrebt hat, ist erwiesen, dass er vor dem Beginn seiner schöpferischen Arbeit klare Vorstellungen definiert haben muss. Hierzu gehören die erkennbaren Anforderungen, wie

- Versinnbildlichung des Maschinenbaus,
- Herstellung eines Bezugs zur Region,
- Symbolisierung der Lehre

sowie zahlreiche weitere Anforderungen, die unumgänglich sind, wie

- Berücksichtigung der Herstellmöglichkeiten,
- Beachtung sicherheitstechnischer Aspekte,
- Einhaltung eines Kostenrahmens,
- Verwendung von umweltverträglichen Werkstoffen usw.,

ohne die er sein Werk nicht hätte realisieren und an der geplanten Stelle aufstellen können bzw. dürfen. Damit ist erwiesen, dass er vor Aufnahme der kreativen Tätigkeit sich einer Vielzahl von Anforderungen bewusst gewesen sein muss, die (vermutlich) jedoch lediglich in seinem Kopf vorhanden waren. Genau so gut hätte er diese Anforderungen in einer Anforderungsliste dokumentieren können, womit der Grundstein für die oben beschriebene konstruktionsmethodische Vorgehensweise gelegt worden wäre.

BEISPIEL KOMPONIEREN EINES MUSIKSTÜCKS

Als weiteres Beispiel aus einem nicht technischen Bereich soll das Entstehen eines Musikstücks, beispielsweise in der Popmusik, betrachtet werden. In der heutigen Musikindustrie entstehen fast täglich neue Songs, und es stellt sich dem Außenstehenden die Frage, wann der Zeitpunkt kommt, an dem es alles bereits gibt. Dennoch erfindet die betreffende Industrie ständig neue Kompositionen, d. h., sie entwickelt ständig Innovationen.

Vor dem Entstehungsprozess einer neuen Komposition stehen ebenfalls eindeutige Anforderungen, die insbesondere auch dann zu beachten sind, wenn Komponist und Interpret des Musikstücks unterschiedliche Personen sind:

- Der Song muss auf die Möglichkeiten des Interpreten abgestimmt sein. Hieraus ergeben sich zahlreiche Anforderungen, beispielsweise bezüglich Tempo, Rhythmus und Tonlage,
- der Song muss zum Image des Interpreten passen (z. B. Text),
- es muss der (häufig zeitabhängige) Geschmack der Zielgruppe berücksichtigt werden,

- weitere Anforderungen können Zeit- und Kostenplanungen sein,
- sonstige Anforderungen musikalischer Art betreffen z. B. Harmonien usw.

Also besteht auch in diesem Beispiel, das sehr weit von technischen Bereichen entfernt ist, eine Vielzahl von Anforderungen, die der Komponist (vermutlich) nur gedanklich berücksichtigt, die aber genau so gut in einer Anforderungsliste niedergelegt sein könnten.

ZUSAMMENFASSUNG

Im Bereich des Maschinenbaus ist die konstruktionsmethodische Vorgehensweise ein wertvolles Hilfsmittel zur gezielten Entwicklung von Innovationen. Sie gibt dabei insbesondere die Struktur und den systematischen Ablauf vor, nach dem Projekte bearbeitet werden sollten. Hierdurch werden die bearbeitenden Personen zu einer schrittweisen und zielgerichteten Vorgehensweise angehalten. Zum Füllen der einzelnen Schritte mit Inhalten ist darüber hinaus der Einsatz von Kreativitätstechniken erforderlich, die hier nicht weiter behandelt worden sind. Allen diesen Techniken ist jedoch gemein, dass sie vor Beginn eine umfangreiche Informationsphase aufweisen, für die insbesondere die Anforderungen so genau wie möglich definiert werden müssen.

Innovationen in nahezu allen Bereichen erfordern ein hohes Maß an Kreativität. Ohne eine passende Idee ist es schwierig bis fast unmöglich, innovative Lösungen zu erarbeiten. Umso wichtiger ist es, die mit Innovationen beschäftigten Personen durch geeignete Hilfsmittel zu unterstützen. Eines dieser Hilfsmittel ist die konstruktionsmethodische Vorgehensweise, die im Bereich des Maschinenbaus ein etabliertes und anerkanntes Werkzeug darstellt.

Betrachtet man Bereiche außerhalb der Technik, so sind hier nur wenige vergleichbare Hilfsmittel erkennbar. Daher sind innovative Lösungen stark von den Fähigkeiten, insbesondere von der Kreativität, der bearbeitenden Personen abhängig. Es ist daher dringend erforderlich, auch für diese Bereiche geeignete Methoden zu entwickeln und anzuwenden.

Anhand der betrachteten Beispiele, die von technischen Anwendungen relativ weit entfernt liegen, konnte gezeigt werden, dass auch hier zumindest gewisse Teile der konstruktionsmethodischen Vorgehensweisen verwendet werden, allerdings nicht schriftlich dokumentiert, sondern im Wesentlichen nur gedanklich. Damit ist der Erfolg aber auch in besonders starkem Maße von den Fähigkeiten, die bei der Bearbeitung genutzt werden können, abhängig. Weniger erfahrene Personen werden dagegen stets Schwierigkeiten haben, innovative Lösungen zu finden. Hierbei ist der Begriff der geringeren Erfahrung relativ zu verstehen, d. h. als Verhältnis aus Erfahrung einerseits und Komplexität der Aufgabe auf der anderen Seite; bei sehr komplizierten und innovativen Aufgabenstellungen sind auch hervorragende Fachleute unerfahren.

Die beiden Beispiele zeigen, dass für jedes Projekt definierte Anforderungen vorhanden sind. Als Projekt wird dabei eine Neuentwicklung verstanden, sodass jedes Projekt also zwangsläufig mehr oder weniger große innovative Anteile hat. Am Beispiel des Schwammkubus wurden Anforderungen abgeleitet, die denen im Maschinenbau zu einem erheblichen Teil ähnlich sind. Dies war zu erwarten, da es sich im weitesten Sinne um eine Kombination aus einem »Kunstwerk« und einer »Maschine« handelt. Aber auch aus dem Beispiel der Komposition eines neuen Musikstücks konnte abgeleitet werden, dass es selbst in diesem weit von der Technik entfernten Bereich definierte Anforderungen gibt. Damit ist nachgewiesen, dass der erste Schritt der konstruktionsmethodischen Vorgehensweise, die Erstellung der Anforderungsliste, in jedem Fall umgesetzt werden kann.

Die Anforderungsliste ist die Basis, auf der die weiteren Bearbeitungsschritte aufbauen. Diese aus dem Maschinenbau bekannten Schritte wurden an den betrachteten Beispielen nicht untersucht und sind für eine einerseits fachfremde und andererseits in den betreffenden Entwicklungsprozess nicht involvierte Person schwer nachzuvollziehen. Es ist jedoch mit einer hohen Wahrscheinlichkeit zu erwarten, dass die konstruktionsmethodischen Vorgehensweisen auch in anderen Bereichen eine wertvolle Unterstützung zum Auffinden innovativer Lösungen darstellen. Inwieweit diese Übertragung tatsächlich stattfinden kann, müssen zukünftige Untersuchungen ergeben.

LITERATUR

Decker, Karl-Heinz: Maschinenelemente. 11. Auflage München, Wien, 1992.

Künne, Bernd: Einführung in die Maschinenelemente. ISBN 3-519-16335-7. 2. Auflage, B. G. Teubner, Wiesbaden, 2001.

Künne, Bernd: Köhler/Rögnitz: Maschinenteile 1. ISBN 978-3-8351-0093-0. 10. Auflage, B. G. Teubner, Wiesbaden, 2007.

Maschinenelemente kompakt; Band 1: Technisches Zeichnen. ISBN 3-937651-06-3. Maschinenelemente-Verlag, Soest 2009.

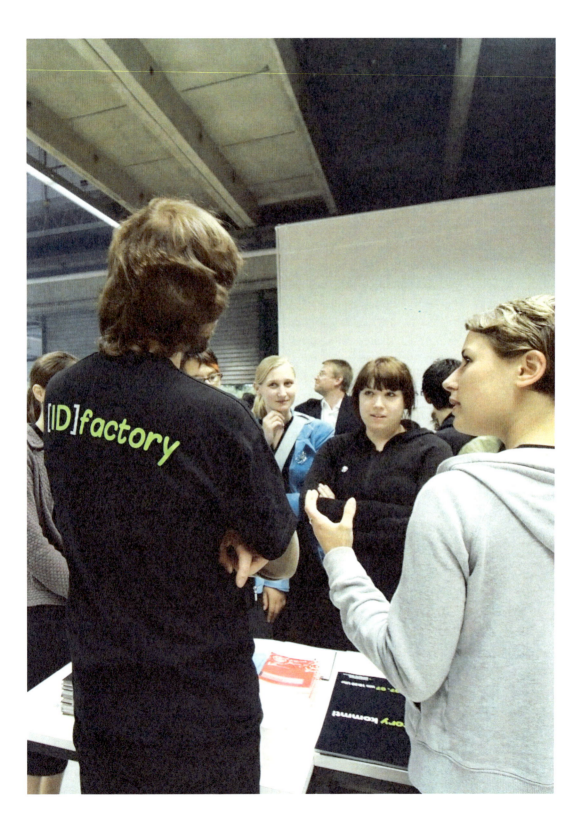

»OHNE TITEL«

Birgit Luxenburger

Meine Damen und Herren, liebe Studenten,

»Innovation – wie geht das?« ist der Titel dieser Vorlesungsreihe, »Ohne Titel« der Arbeitstitel meines Vortrags, da ein Weg zu Innovation die Vermeidung von Festlegung ist. Denn nenne ich einen Titel, setze ich mir ein Thema, beschneide ich schon meine Freiheit.

Einen Titel für diese Rede habe ich nicht. Auch habe ich noch keine rechte Vorstellung. Doch gibt es ein Motto, das ich an den Anfang setzen möchte:

> »Eine wirklich gute Idee erkennt man daran, dass ihre Verwirklichung von voneherein ausgeschlossen erscheint.«
> (Albert Einstein)

Ich stehe am Anfang eines kreativen Prozesses. Mit all den Unsicherheiten, die damit verbunden sind. Mit dem Sprechen bewege ich mich auf neuem Terrain. Es ist eine Expedition ohne Kompass. Orientierung geben mir lediglich die Erfahrungen ähnlicher Ausflüge in der Vergangenheit. Sie haben mich immer wieder an neue Orte geführt, die ich mir so nicht ausgemalt hätte. Autobiografisch vorzugehen sehe ich als Chance. Alles, was nicht durch meinen Verdauungsapparat gelaufen ist, sind bestenfalls Innovationen von anderen. Also das Wiederkäuen fremder Ideen.

Ich schau mich erst mal um. In mir.

Innere Bilder.
Vage Vorstellungen.
Diffuse Ideen.
Ahnungen eher.
Es ist was da.
Ich bin zuversichtlich.
Auch wenn ich noch nicht klar sehe.
Ich bin auf Empfang gestellt.
Innen und außen.
Große Aufmerksamkeit.

Ich strecke meine Fühler aus und sondiere das Terrain,
das sich da vor meinen Augen weit erstreckt.
Unübersichtlich.
Unwegsam.
Hier kenne ich mich nicht aus.
Zuflucht zu Bildern.
Sollte ich auf eine Anhöhe gehen?
Um einen besseren Überblick zu haben.
Ja, da ist eine! – Direkt vor mir!
Ein richtiger Berg.
Scheint unüberwindlich,
eine Hürde, die sich mir plötzlich in den Weg stellt.
Sie blockiert mich.
Dunkel wirft er seinen Schatten auf mich, dieser gigantische Berg.
Er will bestiegen werden.
Eine Belohnung, scheint mir, winkt von oben.
Das Licht.
Die freie Aussicht.
Der weite Überblick.
Die frische Luft, die mein Hirn durchblasen könnte.
Das lockt mich.
Ich stehe noch am Anfang.
Doch ich will!
Da will ich auf jeden Fall hinauf!

Selbstzweifel
Mehrere Ausreden

Ich könnte an ihm vorbei gehen,
auf flachem Gelände bleiben, schön brav im Tal mit den bequemen Wegen.
Ich drehe mich einfach um.
Ich kehre einfach um.
Ich sage ab.
Ich könnte Fotos machen.
Für einen Reisebericht würde das reichen.
Den Aufstieg sollte ich simulieren.

Ich könnte mit dem richtigen Objektiv und aus dem richtigen Blickwinkel
heraus dokumentieren, wie aussichtslos es ist, dieses hohe Ding zu erklimmen.
Und darüber berichten.
Über die Vergeblichkeit meiner Absicht.
Und die zu meinem Thema machen.
Einfach dieses Bild festhalten.
Mich an einem solchen Bild fest halten.
Genügend Unterhaltungswert hätte das allemal.
Zum Selbst-Ausmalen.

Ich könnte mir mit aller Vernunft sagen, du bist naiv und leichtsinnig,
da hinaufzuklettern.
Dir wird die Puste ausgehen.
Dir droht Unterzuckerung.
Viel zu steil und steinig dieser Anstieg.
Und das Wetter soll auch wieder schlechter werden.
Dir fehlt die ideale Ausrüstung für eine solche Unternehmung.
Vor allem, mach das nicht allein!
Du solltest dich unbedingt nach einem Führer umsehen.

Sie sehen, es gibt hundert Gründe, diesen Berg nicht zu besteigen.

Jetzt zumindestens nicht.
Später vielleicht,
wenn die Wetterlage stabil ist.
Später.

Wenn ich die richtige Ausrüstung zusammen habe.
Später.
Wenn jemand mich begleitet,
ein Ortskundiger.
Ein Einheimischer.
Ein Spezialist.

Nein, jetzt nicht.

**Es gibt Tausend Gründe, nicht kreativ zu sein. –
Das größte Hindernis für Innovation.**

Doch er war schon vorher da,

mein Entschluss.

Wenn das Motiv stark genug ist, haben Ausreden keine Chance.

Mein Motiv ist die Neugier.

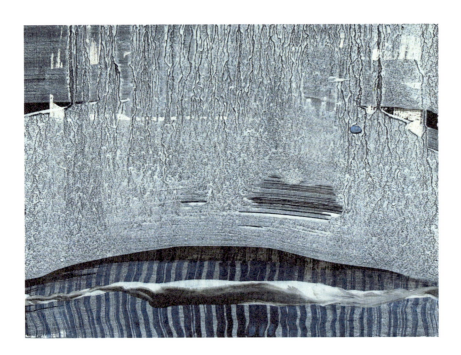

Ich bin auf Empfang gestellt.
Ich zögere nicht mehr.
Ich bin bereit, Unsicherheiten auszuhalten.
Ich mache mich auf den Weg.

Ins Handeln kommen

Auf der Suche nach Kartenmaterial zur Orientierung fällt mir ein Buch in die Hand.
Es ist mehr als eine Wanderkarte!
Ein Leitfaden.
Vor-bildlich!

Und dieses Buch hat natürlich auch einen Titel:
›*Aus dem Nichts*‹,
Verfasser: **Gerd Binnig**

Gerd Binnig, Physiker und Nobelpreisträger, hat sich nach Erhalt des Nobelpreises für die Erfindung des Raster-Tunnel-Mikroskops voller Freude ans Schreiben gesetzt, eine Betätigung, die ihm zuvor zutiefst fremd und unangenehm gewesen wäre.
Dieses Buch behandelt Kreativität in zweifacher Weise: Zum einen werden ausführlich kreative Mechanismen beschrieben, zum anderen ist das Buch selbst ein kreativer Prozess, an dem der Leser teilhaben kann.
So schreibt er z. B. über Blockaden:

»**Angstblockaden**

Wir wissen z. B., dass Angst diese Blockaden extrem steuern kann. Man weiß ganz genau, dass in extremen Situationen die Angst fast alles blockiert. Das hat auch seinen Sinn; denn dann geht es um das elementare Überleben.
Selbst die Sinne sind z. T. blockiert. Es wird z. B. das Gesichtsfeld ganz klein, und man sieht nur noch einen schmalen Bereich – vielleicht nur noch den menschlichen Feind, den man vor sich hat, oder das Tier, das gerade angreift.« …

Das kennen wir alle, diesen Tunnelblick! –

»Wir alle wissen, dass Angst uns blockieren kann; (…)

Es ist allerdings so eine Sache mit der Angst:
Sie kann blockieren, aber sie kann auch beflügeln.
›Not macht erfinderisch‹, sagt man.
Ich muss bereit sein, Risiken einzugehen, um kreativ zu sein.
In Notsituationen kann das Risiko eventuell meine einzige Chance sein.
Angst macht risikofreudig.«

Zitat Ende.

Für mich ist der letzte Satz der entscheidende Satz:

Angst macht risikofreudig.

Freude am Risiko, ein Motiv, das zum Aufbruch taugt.
Mit der Entscheidung für dieses Experiment verspüre ich schon große Erregung, denn der Ausgang ist völlig unklar.

Und an anderer Stelle in diesem Buch:

»Individuelle Wege

Die Wege sollten individuell sein, ebenso wie Spannung natur gegeben individuell ist.
Deshalb muss man auch erkennen, wo die eigenen Grenzen liegen und auf welchem Wege man weiterkommen kann. Dabei sollte man jedoch keine Angst vor Dummheit oder vor Unkenntnis haben, weil gerade die Kreativität ein Mechanismus ist, der mit Beschränkung einhergeht.
Wenn ich von irgendeinem Fachgebiet noch fast nichts weiß, kann ich trotzdem anfangen, damit zu spielen.
Als Nebeneffekt lerne ich über die Kreativität selbst eine ganze Menge, weil ich ja den Umgang mit der Beschränkung, nämlich mit meiner beschränkten Kenntnis, übe. Es gibt, wie gesagt, überhaupt keinen Grund dafür, dass man – auch als Anfänger auf einem Gebiet – nicht kreativ sein könnte. Im Gegenteil: Oft sind die Nicht-Fachleute, die Nicht-Experten die Kreativsten.«

Beherrschung ist Beschränkung.
Nicht-beherrschen öffnet Türen.

Ein Bildhauerkollege hat mir einmal auf meine Fragen hin begründet, warum er mit Stahl, Glas und Beton arbeitet, obwohl er doch ausgebildeter Holzbildhauer ist. Das hat er gelernt. Das Werken mit diesem wunderbaren Material geht ihm leicht von der Hand. Das Holz beherrscht er.
Für sein künstlerisches Werken dagegen hat er ein Material gewählt, das er gerade nicht beherrscht. Als Autodidakt suchte er willentlich das Stolpern im Umgang mit dem widerspenstigen Material Stahl. Und mit dem Erproben und Erforschen entdeckte er – in neuer Aufmerksamkeit – das So-Sein des spezifischen Materials und dessen Reaktion mit seinem So-Handeln.
Sein Unvermögen, sein Dillettantismus, sein Stolpern und Stottern in der Handhabe dieses eigenwilligen Materials führte ihn in seiner Herangehensweise auf ungewöhnliche Wege.

Das Handwerk ist nicht gekonnt.
Es passieren immer wieder Fehler.
Er nimmt Umwege.
Die tastenden, probierenden Schritte sind klein.
Aber sie summieren sich.
Die Wechselwirkung des geschulten Gestalters mit ungeschulten Händen ergibt
das Eigen-Willige.

Weil der Zufall noch eine Chance hat.

Die Ziele mögen sich verändern.
Er probiert weiter.
Er schaut immer wieder hin.
Auf die einzelnen Schritte.
Etwas passiert.
Etwas entsteht.

Etwas erscheint neu.

Vom Ziellosen zum Ziel.

In seiner persönlichen Handschrift entlockt er dem Stahl etwas Neues,
fern seiner üblichen Handhabung.
Und wir können seinen suchenden Prozess optisch nachvollziehen und etwas
von dem Zauber spüren, wie Stahl sozusagen unter seinen Händen ein neues
Potenzial an Ausdrucksweisen entfaltet, eine neue Aura, wie sie bisher noch
nicht wahrzunehmen war.

Ja, gewissermaßen ist Camill Leberer aus dem gewöhnlichen Stahl-Behandlungs-Lernmuster ausgestiegen.
Nein, er war ja gar nicht erst eingestiegen!
Von Anfang an ist er draußen geblieben.
Und mit seinem wachen Blick, dem ein klein wenig zeitversetzten Blick
auf sein Handeln und auf das Geschehen, hat er etwas beobachten können,
es weiterentwickelt, angewendet und dann in Szene gesetzt.
Materialisierung seines eigenen Lernsystems.

Aus dem System aussteigen

Eine schon sehr alte chinesische Weisheit lautet: »Nicht dort, wo du es schon zur Meisterschaft gebracht hast, sollst du dich weiter erproben, sondern dort, wo es dir an solcher Meisterschaft mangelt.«

Eingetretene Wege zu verlassen ist immer Wagnis und Chance zugleich und mit Spannung und Erregung verbunden.

Gerald Hüther, Hirnforscher, Neurobiologe an der Psychiatrischen Klinik in Göttingen, dessen zahlreiche Bücher und Vorträge bildhafte Nahrung sind für mein hungriges Hirn, ihn möchte ich aus seinem Buch zitieren
»DIE MACHT DER INNEREN BILDER«:

»Das Gehirn als Bilder erzeugendes Organ

Wer Augen hat zum Sehen, Ohren zum Hören, eine Nase zum Riechen, Haut zum Fühlen, für den ist die Welt voller Bilder. Allerdings braucht er dazu noch ein Gehirn, und das muss möglichst offen sein für alles, was über die Sinnesorgane dort, in den sensorischen Arealen der Hirnrinde, ankommt.
Das in diesen Arealen entstehende, für jeden Sinneseindruck charakteristische Erregungsmuster wird anschließend in assoziative Rindenareale weitergeleitet. Dort führt das neu eintreffende Erregungsmuster zur Aktivierung von älteren, bereits durch frühere Sinneseindrücke heraus geformten und stabilisierten Nervenzellverschaltungen. Durch die Überlagerung beider Erregungsmuster, des neu eingetroffenen mit dem bereits vorhandenen, entsteht dann ein neues, für die betreffende Sinneswahrnehmung spezifisches, erweitertes Aktivierungsmuster. Dieses charakteristische Geflimmer der Synapsen repräsentiert nun als inneres Bild das jeweils neu Wahrgenommene.«

Was ist überhaupt neu?
Gibt es das Neue überhaupt?
Oder ist es immer eine Kombination von alten Prozessen in neuer Reihenfolge?

Und an anderer Stelle:

»Häufiger erreicht ein durch einen Sinnesreiz im Gehirn entstandenes inneres Bild das Bewusstsein allein dadurch, dass es nicht so recht zu dem Bild passen will, das man bereits im Kopf hat. Dazu braucht der neue Sinneseindruck nur besonders neuartig zu sein oder in Verbindung mit anderen Sinneseindrücken aufzutauchen, die bisher in dieser Kombination noch nicht zusammen vorgekommen sind. Jedes Mal, wenn das passiert, wird ein bereits vorhandenes, früher entstandenes Erregungsmuster durch Überlagerung mit dem neu eintreffenden Muster vorübergehend durcheinandergebracht.
Bis das neue Bild in das alte Muster integriert ist, herrscht in den betreffenden Bereichen des Gehirns eine gewisse Unruhe.«

Kreative Unruhe!

»Jetzt ist das Gehirn wach und kann das neue Aktivierungsmuster mit dem bereits vorhandenen, älteren Muster abgleichen und zu einem neuen inneren Bild zusammenfügen.«

Gerald Hüther gelingt es, anschaulich zu beschreiben, was da in unseren Gehirnen passiert, wenn wir neue Wege nehmen.
Wir kommen durcheinander.
Wir kommen in Unruhe.
Und sobald wir in Unruhe kommen, kommt im Hirn einiges in Bewegung.

Wir haben es in der Hand, mit welchem Gehirn wir in unserem Leben unterwegs sind.
Darüber hat Gerald Hüther ein ganzes Buch geschrieben.
Wir wissen inzwischen, dass die bisherige Annahme, das einmal durch Gene strukturierte Gehirn sei unveränderbar, falsch ist. Bis ins hohe Alter bleibt unser Gehirn form- und veränderbar ist. Wir müssen ihm nur Futter geben und beweglich bleiben. Neuen Herausforderungen nicht ausweichen, auch wenn wir unsere Begrenztheit sehen.

»Eins ist wichtig: Wenn du eine Begrenzung siehst (oder irgendeine Trennwand), entferne sie. Und wenn du sie beibehalten musst, so gestalte sie beweglich: und wo du – wie Füller sagt – die Wahl zwischen Fixierung und Flexibilität hast, entscheide dich für Flexibilität. Das ist eine sehr gute Regel.« (Don Finegan, 1969)

Durch sogenannte Fehler, die im Ausprobieren einfach passieren, stößt man auf Neues.
Das, was sich da ereignet, absichtslos, im Spielen, wird oft vorschnell aussortiert, weil Anderes beabsichtigt ist. Bis man es plötzlich als ungewöhnlich und unausdenkbar erkennt. Also etwas vorfindet, was so noch nie gesehen wurde.

Was ist wirklich neu?
Das Neue muss erst erkannt werden und setzt also einen Beobachter voraus.

Innovation

John Cage gilt mit Recht als einer der berühmtesten zeitgenössischen Komponisten. Sein Einfluss auf die Entwicklung der Neuen Musik ist bis heute kaum abzuschätzen. In seinen Interviews schreibt er in dem Kapitel über Ästhetik:

»Oh ja, ich habe mich dem Prinzip der Originalität verschrieben – nicht Originalität im egoistischen Sinne, sondern in dem Sinn, das zu tun, was notwendig ist. Nun ist das Notwendige offensichtlich nicht das, was schon getan worden ist, sondern das, was noch nicht getan wurde. Dies gilt nicht nur für andere Leute, sondern auch im besonderen Maße für meine eigene Arbeit. Das heißt, wenn ich etwas Bestimmtes gemacht habe, betrachte ich es als meine Aufgabe, nicht noch einmal dasselbe zu machen, sondern herauszufinden, was als Nächstes zu tun ist.«

So schreibt er an anderer Stelle:

»Wenn ich eine Nummer wähle, erwarte ich davon etwas ganz Bestimmtes; in meiner Musik dagegen wünsche ich mir Raum für Überraschungen.
Ich möchte, dass wir nicht sesshaft sind, sondern Reisende, die neue Erfahrungen machen, von denen sie angezogen werden.
Mich hat immer die Größe X angezogen – das, was außerhalb des offiziellen Unterrichts erfahren werden konnte, das Innovative.«

Raum für Überraschungen schaffen!
Bewegungsfreiheit

Mein Weg, dem Zufall eine Chance zu geben, immer wieder meiner Professionalität zu entgehen, ist mein Umgang mit der Farbe. Ich gebe ihr die Freiheit, sich zu bewegen. Sodass ich als Autor eigentlich mehr und mehr in den Hintergrund trete.

Denn am Anfang macht es die Farbe. Sie macht, was sie will.
Sie ist nicht gehorsam.
Ich erlebe mich bestenfalls als ihr Dompteur, indem ich ihr immer wieder die Freiheit gebe, ihren Fluss natürlich zu nehmen.
So kann das Malen eine forschende Bewegung sein.
Und ich bilde mich selbst aus in diesem Medium.
Ich könnte auch sagen, ich male das Malen.

Dabei schlüpfe ich am besten in die Rolle des Beobachters, der mit seinem Blick, ein klein wenig zeitversetzt, mit seinen Augen den Handlungen hinterher folgt. Was macht mein Arm? Die Verlängerung des Pinsels, der von meiner Hand im bestimmten Winkel gehalten wird und die Bewegung ausführt in einer speziellen nuancierten Weise, die sich von anderen differierenden Möglichkeiten fein unterscheidet.
Und mit dem Druck und mit dem Ziehen und dem Stoßen oder Gleiten und dem Führen dieses speziellen Werkzeugs bewegt sich die Farbe so oder so.
Schafft Varianten.
Und in diesem So oder So bildet sie ihre Wesenhaftigkeit aus.

Beobachtung
(Selbst)Beobachtung

In dieser Nacht werde ich abrupt geweckt.
Es ist der Schweiß der Unruhe:

Ich schreibe das jetzt auf.
Auf meinen Knien,
halb aufgerichtet auf mehreren Kissen im Rücken,
schreib ich das auf
in der Nacht.

Sie hat mich wach gemacht
mit einer Portion Schweiß.
Auf meinen Knien notiere ich,
was sich rasch verflüchtigt
im Lampenlicht.
Das kommt von links,
von der Seite.
Es beleuchtet nur die Oberfläche.

Unter die Oberfläche dringen.
Unter das weiße Blatt,
darunter weitere leere Blätter
voll mit Weiß
achtlos als Stapel auf meinen Knien,
festgehalten.
Dazwischen die Bettdecke.
Zwischen Knie und Papier.
Sie ist ganz entschieden zu warm.

ES bleibt verborgen im Licht.
Wenn ich die Augen schließe,
sehe ich Atome.
Die wirbeln.
Ich sehe Nachbilder aus Licht.
Auch aus Atomen.
Diese eigenartigen Punkte, aus denen wir die Bilder weben.
Was ist der Stoff?
Ist das der Stoff?
Diese unruhigen Punkte,
die sich zu Flächen verbinden
hinter meinen geschlossenen Augen.
Denn ich schau ja aus mir heraus.
Wer schaut aus mir heraus?
Vielleicht schaut **ES** aus mir heraus?
Das **ES** aus Sehnerven,
die informiert werden von den aufmerksamen Zäpfchen und Stäbchen,
und die leiten alles mitten ins Hirn.
Und dort strömt's und funkt's und feuert's,
die Synapsen und die Neuronen,
und funken Bilder.
Von innen denkend,
über den Kopf
nach außen
bleibe ICH hinter diesen Lidern,
die ich heruntergeklappt habe.
In diesen schmalen Zwischenraum denken,
hinter den Lidern,
heruntergelassen wie Rollläden,
die mir die Sicht versperren nach draußen.
Ja, halbtransparente Folien aus Haut,
ein wenig Kunstlicht lassen sie herein,
milchig,
und als würden diese funkenden Partikel bewegt,
die das Bild formen,
das sich zwischen mir **(ihm?)** auftut und den Augenlidern.

Ich öffne die Augen und schaue mir zu.
Ich kann mir zuschauen, wie ich den Stift halte.
Und ihn ziehe von links nach rechts.
In unordentlich geschwungenen Linien ziehe ich ihn,
dennoch sehr rhythmisch auf dem weißen Papier,
das zu mehreren unordentlich auf meinem Knie liegt,
ein kleiner Stapel,
eine Un-Ebene.
Da setz ich an,
ich setze ab,
den Stift, flüssig in der Bewegung,
aus meiner rechten Hand fließen die Zeichen, die wir Buchstaben nennen,
und die einen Sinn ergeben sollen.
Meine Hand formt Kringel, Wellen, Abschwünge und Aufschwünge.
Wir nennen das Worte.
Ich benenne das mit Worten.
Ich schaue zu.
Ich reihe sie auf,
diese Wortkringel,
hintereinander,
so formen sie Sätze,
die einen Sinn ergeben sollen.
Wir formen Worte aus gekrümmten Linien,
diese Krümmungen fließen ins Hirn
und wieder zurück in meine Hand,
die den Stift hält,
der neue Bewegungen ausführt,
von meiner Hand geführt.

Meine Augen, die sich wieder öffnen?
Die schauen, der Hand hinterher,
die den Stift schwingt
von links nach rechts.
Ich befinde mich auf einer neuen Seite.
Auf einem neuen Blatt.
Oben.
Ich markiere dieses Blatt mit der Zahl 5.

Das Alles ist bewegte Linie,
bewegte Struktur.
Ein Netz, das sich darüber legt,
mehr oder weniger dicht gewebt
wie eine Gase
mit Löchern darinnen
und unscharfem Rand.
Verdichtung.
Dichten.

Ich bin wieder da.

Ich tausche **ES** mit **ICH**.

Ich stehe noch am Anfang.

Und ich werde mir bewusst, dass dieser Zustand zwischen Traum und Wachheit,
jenseits der Kontrolle, der Beobachtung lohnt. Er ist eine Form des Denkens.
Durch diese Leere kann etwas Neues durchscheinen.

Strukturen
Oberflächen
Bewegungsfluss
Formen
Hintergründe
Hintergründiges
Raum –
Raum für Neues.
Und das alles begleitet von starker Emotion.

Noch immer habe ich kein Rezept.
Doch habe ich bereits einen Fundus, um in innovatives Handeln zu kommen:

- Verlassen des Spezialistentums
- Ungewissheiten akzeptieren
- Ermöglichen von Fehlern
- Instrumentalisieren des Zufalls
- Muster entlarven

- Das Kippen von Ordnungen
- Nicht vorschnell werten, sondern
- Aufmerksam sein für scheinbar Nebensächliches
- Die Disziplinen wechseln
- Das Medium wechseln
- Sinnlich spielen
- Das Erzeugen von Redundanz
- Im Nichtwissen
- Das Zulassen von Leere
- Dran bleiben, Scheitern eingeschlossen
- Und immer wieder an den Anfang gehen
- Fragen und
- Handeln!

Das Hirnen kommt dann von selbst.
Vielleicht auch was Neues.
Denn so fangen wir an, unser Gehirn selbst zu programmieren.

Wohl alles keine Tipps zum Funktionieren.
Vernünftig ist das alles nicht.

Sie kennen ja den Ausspruch:
»Sei kein Narr!«

Bin ich ein Narr?
Ich möchte ihn umdrehen

Sei ein Narr!
Womit ich jetzt wenigstens einen Titel für meinen Vortrag habe!

Also, jetzt beginne ich!

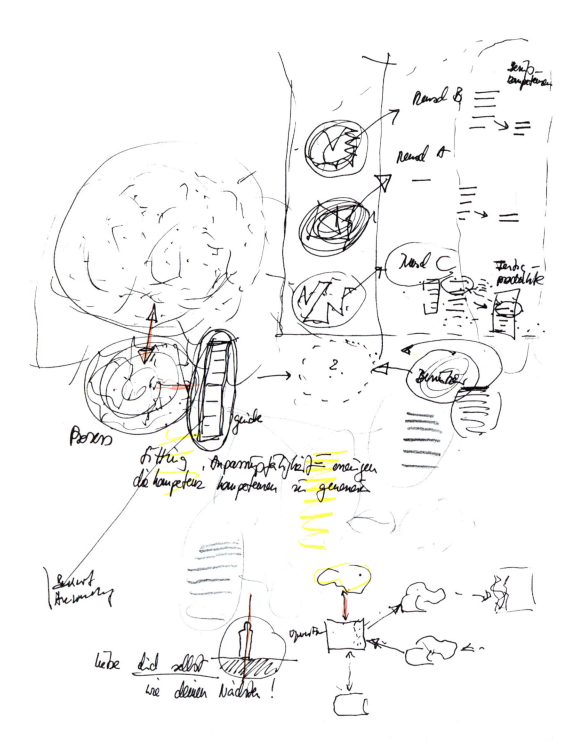

DIE SPRACHE DER INNOVATION

Werner Preißing

Im Rahmen der Ringvorlesung »Innovation – wie geht das?« schildern namhafte Experten aus völlig unterschiedlichen Disziplinen anhand praktischer Beispiele, wie sie mit Innovationen in ihrem Fachgebiet umgehen.
Jeder dieser Experten beherrscht sein Fachgebiet vollständig, hat den Überblick über das Wesentliche und ist damit in der Lage, dieses Wissen in verständlicher Weise anderen zu vermitteln. Diese Fähigkeit ist erste Grundvoraussetzung für die interdisziplinäre Zusammenarbeit, die heute eine immer größere Rolle spielt. Die zweite wichtige Voraussetzung ist eine gemeinsame Sprache, die es ermöglicht, die Essenzen der Einzeldisziplinen so einfach darzustellen, dass der Überblick über den Gesamtkomplex möglich wird.

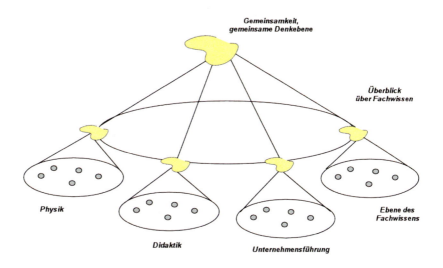

Abb. links: Denkskizze Gespräch Werner Preißing/Ursula Bertram

Anfang des 20. Jahrhunderts hatte man »Esperanto« mit dem Ziel einer gemeinsamen Sprache aller Europäer erfunden. Diese Kunstsprache konnte sich aber nicht durchsetzten. Wissenschaft und Wirtschaft bedienen sich heute im Wesentlichen der englischen Sprache. Einfacher als durch Sprache bzw. ergänzend dazu lassen sich Zusammenhänge aber in der Form von Systembildern darstellen. Dies ist Inhalt meines Beitrages zur Frage, wie Innovation geht.

Hierzu habe ich vier Beispiele aus meiner eigenen Berufspraxis im Rahmen der Felder Architektur, Beratung und Lehre ausgewählt. Die Beispiele stammen aus meiner Publikation »Visual Thinking«[1]. Zuletzt gehe ich auf einige Grundelemente des »Vokabulars« meiner Systemsprache ein.

1. PROJEKTENTWICKLUNG MIT DER FAKTORENFELDMETHODE (EIN FALL AUS DER PRAXIS)

Ein Planungsteam erhält die Aufgabe, eine neue Produktionsanlage für einen Automobilzulieferer zu konzipieren. Der Investitionsrahmen für die Baulichkeiten ist mit 15 Mio. Euro vorgegeben. Im ersten Schritt werden die folgenden Ausgangsparameter festgehalten:

- Investitionskosten
- Flächenbedarf
- Produktionsabläufe
- Funktionalität
- Investitionsrahmen
- Nutzungskosten
- Grundstückskosten
- Anbindung
- Transportlogistik
- Transportkosten
- Lage

Zwischen den Einflussparametern bestehen Abhängigkeiten, die das ganze Problem zu einer Optimierungsaufgabe machen. Deshalb werden die Einzelaspekte in einem Faktorenfeld angeordnet.

Maßgeblich für den ersten Schritt ist der Investitionsrahmen, der mit dem erforderlichen Flächenbedarf und den resultierenden Investitionskosten, aber auch mit den Nutzungskosten zusammenhängt. Bezüglich der Investitionskosten spielen die Lage des Grundstückes und die Grundstückskosten eine wesentliche Rolle, wobei sich die Lage und Anbindung des Produktionsortes über die Produktionslogistik auch auf die Transportkosten auswirkt. In der Gesamtschau der Investitionsentscheidungen wird deutlich, dass für die Ermittlung der Investitionskosten der Flächenbedarf festzulegen ist, der ursächlich von den Produkti-

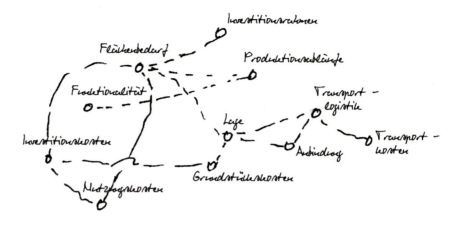

onsabläufen beeinflusst wird. Die Produktionsabläufe wiederum stehen im Zusammenhang mit der Transportlogistik für die An- und Auslieferung und damit im Zusammenhang mit der Lage des Grundstückes.

Bezieht man in den Investitionsrahmen auch die Folgekosten mit ein, sind die Nutzungskosten zu berücksichtigen, wobei die Betriebskosten u. a. mit der Gestaltung der Produktionsabläufe zusammenhängen. Diese Zusammenhänge werden in einem erweiterten Faktorenfeld erfasst:

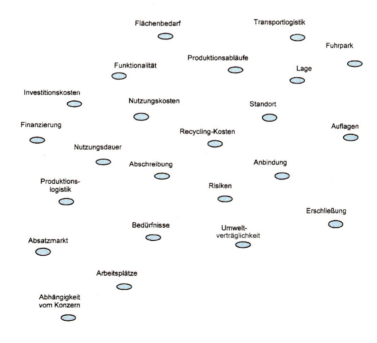

Dabei wird klar, dass die Aufgabe nicht ohne Weiteres in linearen Abläufen angegangen werden kann. Im zweiten Faktorenfeld werden operative Felder gebildet: Umfeld, Kosten, Unternehmen. Manche Faktoren bleiben ohne Einbindung in ein operatives Feld für sich stehen.

Im nächsten Schritt werden alle Einzelfaktoren für sich auf einer Ebene ausreichender Genauigkeit betrachtet. Aus der Skizzierung der Produktionsabläufe ergibt sich zunächst eine Schätzung des Flächenbedarfs für die Baulichkeiten.
Über die Kubatur werden die Investitionskosten eingeschätzt, über den Flächenbedarf die Grundstückskosten. Dabei wird zunächst von einer hinsichtlich der Transportlogistik optimierten Lage ausgegangen. Die im Investitionsrahmen von 15. Mio. Euro bislang nicht berücksichtigten Nutzungskosten werden als zusätzlicher Posten ermittelt.
Hinsichtlich der mit den Investitionskosten zusammenhängenden kalkulatorischen Nutzungsdauer und der Ausstattungsqualität werden über Erfahrungswerte Annahmen getroffen.
Aufgrund der Kenntnisse aus dieser Bearbeitungsstufe wird der Investitionsrahmen in einer ermittelten betriebswirtschaftlichen Gesamtkalkulation um den Faktor der Folgekosten ergänzt.

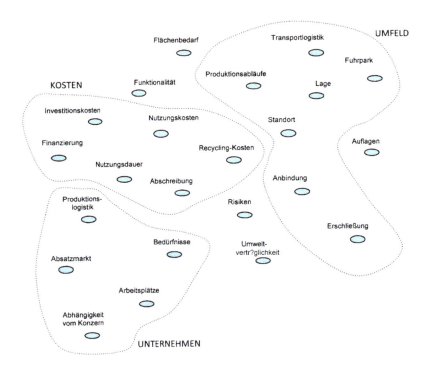

Um den vorgegebenen Kostenrahmen einhalten zu können, schlägt das Planungsteam vor:

- Optimierung der Transportlogistik in Bezug auf die Lage
- sparsame Ausstattung unter Berücksichtigung von Investitions- und Folgekosten

Untermauert werden die Vorschläge durch eine Grobskizze der Funktionsabläufe, ein Gestaltungskonzept und eine betriebswirtschaftliche Kalkulation über die Gesamtnutzungsdauer der Produktionsanlage. Unter den gesamten Prämissen kann der vorgegebene Kostenrahmen eingehalten werden. Der Planungsauftrag wird aufgrund der überzeugenden Darstellung erteilt.

Im Fall dieser Projektentwicklung hat sich das Planungsteam nicht strikt an die vorgegebenen Aufgaben gehalten, sondern sie hinterfragt. Hierdurch entstand eine enge Kundenbeziehung, weil das Team über die Kernaufgabe hinaus an die Konsequenzen aus Kundensicht gedacht hat.

Bei der ursprünglichen Aufgabenstellung hätte das Planungsteam die Zielentscheidung des Auftraggebers als gegeben angesehen und mit der Umsetzung beginnen können. Im Grunde hätte es ausgereicht, den vorgegebenen Kostenrahmen einzuhalten. Die unnötigen Zusatzkosten wären ja erst nach der Inbetriebnahme deutlich geworden.

Durch die Vorgehensweise, die Aufgabe zunächst im Gesamtzusammenhang zu überdenken, zu hinterfragen und um wichtige Gesichtspunkte zu ergänzen, konnten Vorgaben für die Durchführung der Aufgabe – insbesondere auch unter Kostengesichtspunkten – präzisiert werden.

2. AUFBRUCH ZU NEUEN UFERN

Bernd S. hat vor 10 Jahren ein Büro für Stadtplanung und Projektentwicklung gegründet. Das Büro lief nach relativ kleinen Startproblemen in den ersten Jahren jetzt recht gut. In letzter Zeit hat sich bei Planungs- und Beratungsprojekten der Sonderbereich »Umweltschutz« als besonders wichtig erwiesen. Bernd S. hat sich bereits in seiner Diplomarbeit intensiv mit dem Thema »Umweltverträglichkeitsprüfung (UVP)« beschäftigt, sodass jetzt Überlegungen angestellt wurden, sich als Unternehmen in diesem Bereich stärker zu profilieren.

Strategische Unternehmensentwicklung

Aus der Sicht von Bernd S. war zu erwarten, dass das Thema »Umweltschutz« zunehmend zu einem zentralen Thema für viele städtebauliche Planungsaufgaben werden dürfte. Insbesondere bei der Umnutzung ehemals gewerblich genutzter Flächen in innerstädtischen Bereichen. Folgende Einflussparameter und Standortfaktoren spielen dabei in der Regel eine Rolle:

- Lage der Standorte
- Urbanität, Dichte
- Erreichbarkeit, kurze Wege
- städtebauliches Potenzial, Quartiersaufwertung
- Nutzungsmöglichkeiten
- Ressourceneinsparung und Nachhaltigkeit
- Werthaltigkeit
- Vermarktbarkeit
- Klima
- Luftschadstoffe
- Freiraum und Grün
- Altlasten

Zur besseren Übersicht wurden die relevanten Einflussgrößen in einem Faktorenfeld dargestellt.

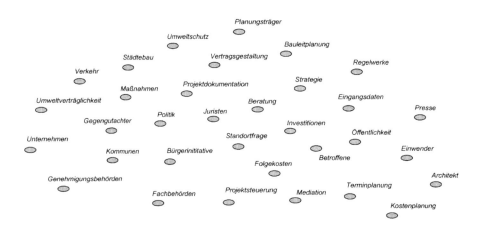

Dabei wurde klar, dass solche Planungsaufgaben neben der Kenntnis städtebaulicher Rahmenbedingungen, exzellente Fachkenntnisse im Bereich »Umweltschutz« erfordern. Angesichts der komplexen Planungsaufgaben ist jeweils eine umfassende Beurteilung erforderlich, die alle für die Planungsaufgabe relevanten Faktoren erkennt, bewertet und angemessen berücksichtigt. Nur so ist es möglich, die Interessen des Auftraggebers, die Ängste der Betroffenen, die fachlichen und rechtlichen Aspekte des Planungsträgers und der Genehmigungsbehörden sowie die Interessen der Politik zu einem angemessenen Ausgleich zu bringen und den Ausgleich zwischen allen Planungsbeteiligten zu kommunizieren.

Einige der Faktoren haben bei näherer Betrachtung eine engere Verbindung miteinander als andere, sodass in einem weiteren Schritt operationale Felder gebildet wurden:

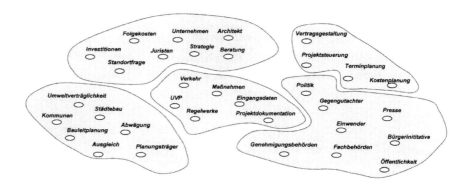

Operationale Felder
Durch das Zusammentragen aller Faktoren und das Abgrenzen von operationalen Feldern ließen sich die Beratungsaufgabe und der Kontext klarer erkennen.

Ein tragfähiger Konsens ist im Ergebnis nur möglich, wenn es gelingt, jedem Beteiligten die jeweils anderen Sichtweisen transparent zu machen.

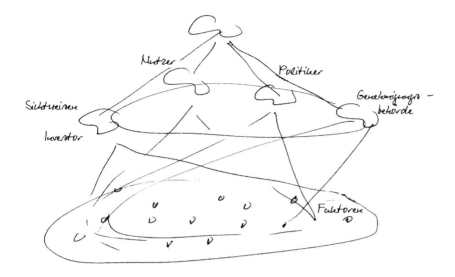

Zur Umsetzung der äußeren Anforderungen und des Kontextes der Aufgabe in die Unternehmensstruktur wurden im nächsten Schritt alle relevanten Faktoren in der Innensicht eines Unternehmens zusammengestellt.

Faktorenfeld »Unternehmen«

Das resultierende Faktorenfeld zeigte deutlich die Bandbreite an Themen, die durch das Büro abzudecken ist.
In einem nächsten Schritt galt es nun, das diffuse Feld zu ordnen. Hierzu wurden die Faktoren, die innerhalb des Faktorenfeldes inhaltlich in engerer Beziehung stehen, wieder in operationalen Feldern zusammengefasst. So stehen z. B. Faktoren wie

- Buchhaltung/Lohnbuchhaltung
- Verträge
- Honorare
- Rechnungs- und Mahnwesen
- Investitionen
- Bilanzen
- Kredite/Finanzierungen
- Umsatz
- Gewinn
- Effizienz
- Gehälter

in einem inhaltlichen Zusammenhang und bilden das operationale Feld »Controlling Finanzen«. Auf diese Weise wurden aus dem Faktorenfeld »Unternehmen« zehn operationale Felder gebildet. Bei diesem Verfahren ergaben sich zahlreiche neue Faktoren, die im »unsortierten Zustand« des Feldes nicht erkannt werden konnten. Die Anforderungen wurden somit immer klarer. Die folgenden operationalen Felder ergaben sich für die zukünftige Unternehmensstrukturierung:

1. Strategische Unternehmensentwicklung
2. Personalentwicklung
3. Umweltverträglichkeitsprüfung
4. Projektkoordination
5. Transfer Städtebau
6. Transfer Beratung
7. Organisation, Steuerung und Qualitätssicherung
8. Finanzen und Controlling
9. Corporate Identity und Außenauftritt
10. EDV und technische Ausstattung

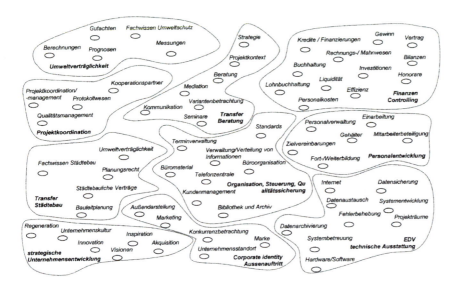

Operationale Felder »Unternehmen«

Ausgehend von der Idee einer neuen Profilierung als Büro für Umweltschutz im Städtebau ließen sich die operativen Felder als Teilfunktionen im Spindelmodell darstellen.

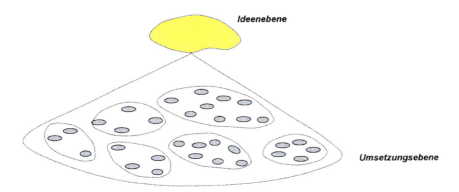

Ideen- und Umsetzungsebene

Die operationalen Felder wurden zu Funktionsbereichen, die über eine zentrale Koordinationsfunktion, den Fußpunkt der Spindel, im Sinne der Unternehmensidee gesteuert werden.

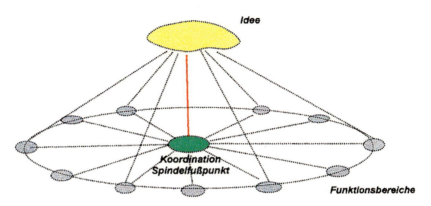

Spindelmodell

Die Umsetzung des Spindelmodells auf das Unternehmen ergab folgende Unternehmensstruktur.

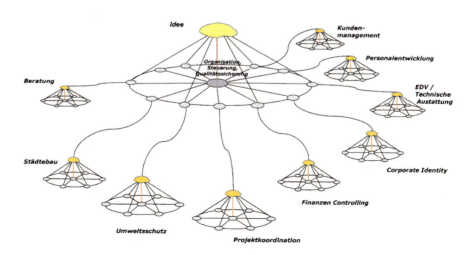

Unternehmensstruktur: Spindelmodell zur Unternehmensentwicklung

Zur erfolgreichen Umsetzung der Unternehmensidee mussten sowohl die Funktionsbereiche auf der Umsetzungsebene als auch die Koordinationsfunktion mit den entsprechenden Kompetenzen oder dem entsprechenden Expertenwissen ausgestattet sein. Diesbezügliche Anforderungen an die unterschiedlichen Funktionsbereiche ließen sich unter Rückgriff auf die Faktoren in den operationalen Feldern relativ eindeutig formulieren. Anhand dieser Anforderungen war es möglich, die Funktionsbereiche optimal zu besetzen und nach neuen Mitarbeitern zu suchen. Die Struktur ermöglichte allerdings auch eine Integration externer Kooperationspartner.

> Die neue strategische Ausrichtung entstand aus der Erkenntnis heraus, dass der Markt sich in Richtung eines weiter verstärkten Umweltbedürfnisses entwickelt und dass Potenziale im Unternehmen nicht ausreichend genutzt wurden. Anstelle einer Ad-hoc-Strategie wurden die äußeren Rahmenbedingungen genauer betrachtet und dann vor allem in Verbindung mit der inneren Entwicklung des Unternehmens gebracht.

3. KONSTRUKTIVE STRUKTURDISKUSSION IN SYSTEMBILDERN

Als externer Berater erhalte ich Positionspapiere der Führungsgremien einer großen Universität, in denen in schriftlicher Form verschiedene strategische Richtungen formuliert sind.

> Leseprobe (vom Lehrstuhlinhaber einer geisteswissenschaftlichen Fakultät): »Die Universität X positioniert sich im Kontext des Ausbildungssystems der Bundesrepublik Deutschland als Keimzelle interdisziplinärer Erfassung und Weiterentwicklung technisch und prozessual orientierter Systeme und integriert dabei in ihre wissenschaftlichen Disziplinen kulturelle, ökonomische und gesellschaftliche Aspekte. Die bestehenden Exzellenzkompetenzbereiche in den Natur- und Ingenieurswissenschaften werden mit den Fakultäten der Geistes-, Gesellschafts- und Wirtschaftswissenschaften zu einem schlagkräftigen, innovativen Verbund mit hoher Transferkompetenz ausgebaut.«

Die Formulierungen sind durchaus treffend, können aber in ihrem Kern und ihren praktischen Konsequenzen so nur schwer diskutiert werden. Aufgrund der Übertragung dieser Formulierungen in Skizzen lassen sich die unterschiedlichen Standpunkte und Entscheidungsmöglichkeiten transparent und diskussionsfähig machen.

Angesprochen werden horizontale und vertikale Untergliederungen der Fakultäten A und B sowie C, D und E mit jeweils den Bereichen Forschung, Lehre und Entwicklung. Dabei stellt sich die Frage, inwieweit horizontale und vertikale Verbindungen vorhanden bzw. gewollt sind.

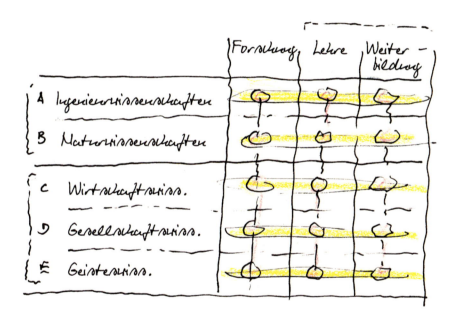

Die Zuordnung unterschiedlicher Fachbereiche innerhalb einer Gesamtidee der Universität zeigt wichtige Bereiche, die aber nicht unbedingt im Sinne von Kernkompetenzen abgedeckt werden können.

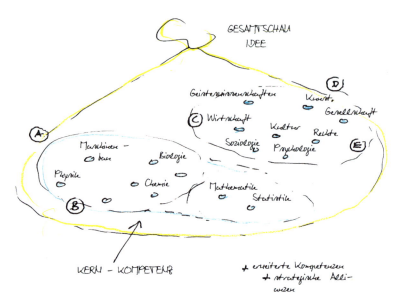

Erweiterte Kompetenzen sollen deshalb über strategische Allianzen abgedeckt werden. Zur Integration der Fachbereiche ist die Einführung einer Ebene der Vermittlung fachübergreifender Essenzen erforderlich.

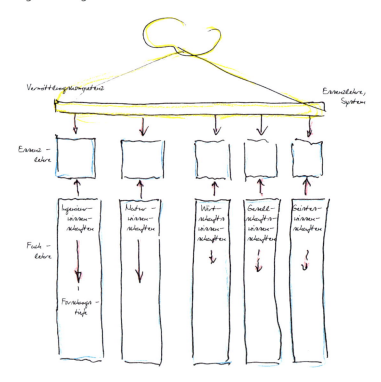

Als eine wesentliche Anforderung an die Lehrperson kommt in diesem Bereich die Vermittlungskompetenz hinzu. In der Gesamtschau ergeben sich so drei Bereiche (Fachwissen, Essenzwissen und Vernetzung), die in dieser Form an der Universität bisher nicht diskutiert wurden.

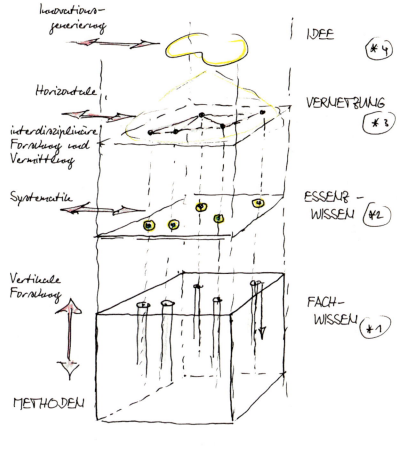

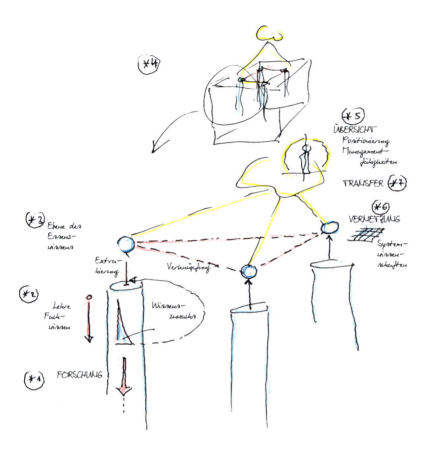

Zur Gesamtübersicht gehören an einer Universität der Zukunft auch unternehmerische Denkweisen und Managementfähigkeiten. Soll eine Universität als Unternehmen am Markt auftreten, gelten die allgemeinen Gesetzmäßigkeiten der Betriebs- und Volkswirtschaft hinsichtlich der Äquivalenz von Input- und Output-Leistungen.

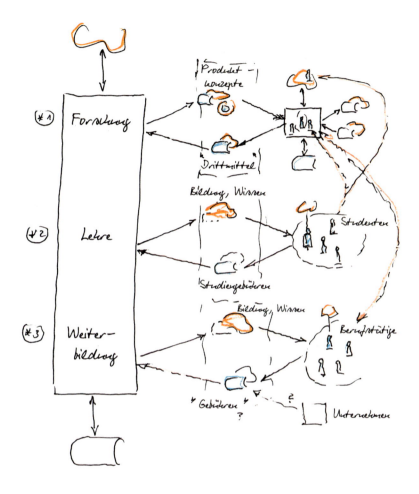

Nach dem Äquivalenzprinzip erbringt die Universität im Bereich »Forschung« Leistungen, die im Sinne von Produktkonzepten an Unternehmen fließen. Die Unternehmen bezahlen dafür mit Drittmitteln. Bildung und Wissen fließen über die ausgebildeten Studenten wiederum in Unternehmen ein.

Auf der Grundlage dieser Protokollskizzen wurden im Detail weitere Konsequenzen für die Schärfung des Profils der Universität entwickelt, insbesondere auch im Hinblick auf die Auswahl und die Fortbildung des Lehrpersonals.

4. IDEEN KOMBINIEREN

»Gebäudeberatung« war die Idee eines MBA – Studenten der Steinbeis-Hochschule Berlin und angehenden Immobilienfachwirtes, der immer wieder offensichtliche Differenzen zwischen dem Gebäudenutzer und den Nutzungsbedingungen der Immobilie festgestellt hat. Im besonderen Maße galt das auch für Unternehmen, bei denen die Betriebsabläufe manchmal von bestehenden Gebäudestrukturen behindert wurden.

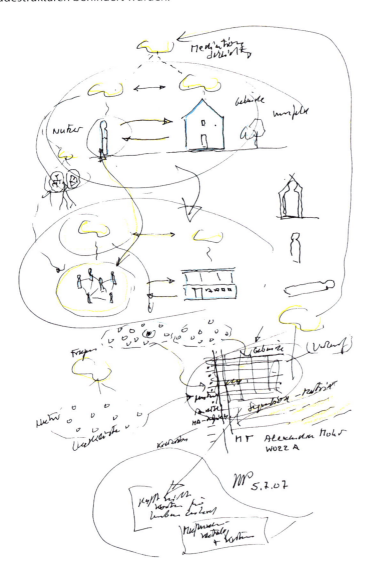

In Kooperation mit Architekten und Maklern wollte der Immobilienfachwirt ein Serviceunternehmen gründen, das die Gelegenheit eines Gebäudes mit den Kundenwünschen in Übereinstimmung bringt. Das führte zu der Idee einer »Symbiose-Matrix«. Diese Matrix wurde sowohl das Verkaufsargument für die Dienstleistung als auch das Abwicklungsinstrumentarium für die Erstellung von Kostenübersichten und Maßnahmenkatalogen. Der Kernpunkt dieser Problemlösung lag darin, die Nutzeridee und die Idee des Gebäudes im Sinne einer Mediation oder Schlichtung zu betrachten.

5. VOKABELN DER SYSTEMSPRACHE VISUAL THINKING

Im folgenden Schaubild sind einige Symbole der Bildsprache Visual Thinking dargestellt.

VISUAL THINKING	Bildsprache
Prozessor — Verarbeitungseinheit	Person
Datei — Energie	Person — Ausstrahlung, Haltung, Profil
Bezugslinie	Personengruppe
Die Wolke — Geist, Idee	Personengruppe mit gemeinsamer Idee — Gemeinschaft
Faktorenfeld	
Netz — Verbundene Elemente	Person oder Sache mit geringem Erdanteil
Spindel mit Idee, Funktionen und Spindelhub (rot)	Person oder Sache mit hohem Erdanteil
Sonderzeichen Vertragslogistik	
Personengesellschaft	Geschäftsführer
Kapitalgesellschaft	Vertrag
	Auftraggeber

Die Symbole können beliebig kombiniert und erweitert werden. Ausschlaggebend ist dabei die möglichst spontane Verständlichkeit für alle Beteiligten. Wichtigstes Unterscheidungsmerkmal ist die Verwendung der Farbe Gelb, der Wolke für immaterielle Komponenten, d.h. der Ideenebene und der Farbe Grün für materielle Elemente auf der Faktenebene.

6. EINE SPRACHE ZUM GEMEINSAMEN DENKEN

Eine einheitliche, für alle wissenschaftlichen Disziplinen akzeptierbare Systemtheorie scheiterte bisher an der Sprachbarriere. Jede Disziplin verwendet eine Fachsprache, formuliert auch die Ansätze ihrer jeweiligen Theorien und Erkenntnisse vorwiegend über verbale Beschreibungen. Diese Beschreibungen sind für andere Disziplinen nicht nur aufgrund ihrer fachspezifischen Inhalte, sondern auch aufgrund ihrer Form nur schwer verständlich und kaum übertragbar. Das mag einer der Gründe dafür sein, dass Ansätze zu einer universalen Systemtheorie bisher gescheitert sind.

Der Ansatz der Systemvisualisierung liegt in einer übersprachlichen Visualisierung von Denkinhalten in Bildern. Bei der Systemvisualisierung werden Begriffe nur spärlich zur Ergänzung von Systembildern verwendet. Gute Systembilder sind selbst erläuternd. Die Qualität von Systembildern erkennt man am Maß ihrer Eigenständigkeit.

In den Systembildern werden essenzielle Erkenntnisse in einer Symbolsprache abgebildet, die aufgrund ihres gemeinsamen Zeichenrepertoires fachübergreifend verwendbar ist.

Bei der Systemvisualisierung wird die Sichtweise des Betrachters selbst, d.h. die Perspektive des Entscheiders in die Systemdarstellung mit einbezogen. Folgerichtig ergibt sich bereits aus dem Begriff der »Perspektive« eine dreidimensionale Darstellung des Systems.

Die Vorteile der Methode der Systemvisualisierung sind:

- Gute Systembilder stellen die Essenz eines Sachverhaltes dar und reduzieren damit die Komplexität des Sachverhaltes.
- Eine gute Systemskizze ist prägnant und ersetzt bzw. ergänzt weitgehend schriftliche oder verbale Erläuterungen.
- Auf der Ebene der Systemvisualisierung wird eine Auseinandersetzung über Begriffe und Definitionen unnötig, weil die Zusammenhänge in allgemein verständlichen Bildern erklärt werden.

- Das Sprachrepertoire der Systemvisualisierung ist nicht begrenzt und kann je nach Anwendungsgebiet um weitere Symbole erweitert werden.
- Systemvisualisierung ist international, weil eine Zeichensprache grundsätzlich überall verstanden wird.
- Systemvisualisierung ist interdisziplinär, wodurch die unterschiedlichen Ansätze der Systemtheorie in den Einzeldisziplinen eine gemeinsame Schnittstelle erhalten.
- Durch die einheitlichen Sprachelemente sind Analogieschlüsse zwischen unterschiedlichen Fachdisziplinen möglich.

Da heute Innovationen zunehmend im interdisziplinären Raum entstehen, ist die Symbolsprache der Systemvisualisierung eine gute Basis für die überfachliche Verständigung.[1]

1 s. auch »Visual Thinking, Probleme lösen mit der Faktorenfeldmethode«, Haufe Verlag, München 2008,

DER DUFT DES BLAUEN LICHTS

Klemens Störtkuhl

GERUCH, EIN ALTES PHÄNOMEN

Alle Lebewesen können chemische Stoffe in Form von Duftstoffen wahrnehmen. Selbst Einzeller orientieren sich auf sehr primitive Weise an chemischen Substanzen, um z. B. energiereiche Nährstoffe zu finden. Der Geruchssinn bei höher entwickelten Lebewesen ist entwicklungsbiologisch gesehen die älteste Sinneswahrnehmung – und sie ist zugleich am wenigsten erforscht.

Duftstoffe begegnen uns überall im Alltag: in der Backstube nebenan, im Kaufhaus oder in der Parfümerie. Wenn wir auf ein Fest gehen oder eine Oper besuchen, tragen wir unterschiedliche Duftstoffe in Form von Parfüms auf, um anderen attraktiv zu erscheinen und den eigenen Köpergeruch zu verdecken. Körpergeruch empfinden wir als unangenehm.

In der Antike wurden duftenden Öle und Salben, die ursprünglich als Mittel für die sakralen Zeremonien eingesetzt wurden, an die damalige Oberschicht verkauft[1]. Bereits die Sumerer betrieben kleinere Parfümerien zur Herstellung von duftenden Ölen und Essenzen[2].

Später wurden die Techniken weiterentwickelt und verfeinert. Duftstoffe waren gerade vom 16. bis 18. Jahrhundert besonders in der Oberschicht sehr gefragt. Zur Zeit Ludwig XV (1710–1774) gab der Adel sehr viel Geld für Duftstoffe aus. Man legte sich sogar mit Parfüm gefüllte Phiolen in den Mund, um einen angenehmen Atem zu haben.

Duftstoffe wurden damals mithilfe eines um den Hals geschlungenen Tuches getragen, das man zuvor mit dem Duftstoff beträufelt hatte. Alternativ waren sogenannte »Pomander« gefragt, die als Halskette getragen wurden und in die man riechende Kräuter oder duftende Blütenblätter gab. Der Einsatz von duftenden Essenzen und Ölen zur Steigerung der persönlichen Attraktivität wurde gera-

Abb. links: Arbeit von Christine Böse – Jurksas

de in England so stark betrieben, dass das Parlament zur Zeit Königin Elisabeths (1533–1603) ein Dekret erließ, dass Frauen der Hexerei bezichtigte, wenn diese ihre Ehemänner mit Hilfe von Duftstoffen zur Heirat verlockt hatten. Die Frauen wurden als als Hexen bestraft.

In dieser Zeit synthetisierten vor allem Apotheken ätherische Öle und Inhaltsstoffe aus verschiedensten Pflanzenmaterialien. In Italien und Frankreich wurden Verfahren entwickelt, die es auch bald dem Bürgertum erlaubten, Parfüms zu erwerben. Die noch heute bekannte Stadt Grasse in Südfrankreich stieg zur damaligen Zeit zur Parfümhochburg auf. Mitte des 19. Jahrhundert wurden dann erstmalig synthetische Geruchsstoffe hergestellt und für Parfüms und Aromen eingesetzt. Seit dem 20. Jahrhunderts werden zunehmend synthetische Substanzen hergestellt, die in Anlehnung an die natürlichen Duftstoffe produziert werden können. Damit wurde die Tür geöffnet, um preisgünstige Parfüms herzustellen.

GERUCHSERKENNUNG, WIE GEHT DAS?

»Ich kann Dich nicht riechen« ist ein altbekanntes Sprichwort, dessen Bedeutung die moderne Geruchsforschung erst jetzt überprüfen kann, mit zum Teil erstaunlichen Ergebnissen. So werden tatsächlich körperspezifische Substanzen gebildet, die innerhalb weniger Sekunden darüber Auskunft geben, inwieweit der Partner genetisch zu einem passt. Wie die Prozesse im Detail erfolgen, ist weitgehend unklar[3].
Dagegen sind die Untersuchungen an den natürlichen und synthetischen Düften sehr intensiv betrieben worden. Für die Herstellung von Duftstoffen werden im Allgemeinen folgende Begriffe verwendet:

typische Note	Geruch
Grün	frisch nach Gräsern, Blättern, Wiese
Citrus	nach Zitrusfrüchten
Lavendel	Lavendelgeruch
Blumig	nach Veilchen, Maiglöckchen

Aldehyd	nach Holz, animalisch
Chypre	herb, frisch
Fougège	nach Farn
Gewürz	nach Ingwer, Kardamom
Holz	nach Zedern- oder Sandelholz
Leder	Leder
inspirativ	keine natürlichen Vorbilder
Moos	nach Moos, herb frisch

Der typische Duftstoff wird also durch ein Gemisch aus unterschiedlichen Komponenten erzeugt. Dabei bestimmt das Mischungsverhältnis, ob ein Parfüm schwer oder eher frisch und leicht wirkt. So besteht beispielsweise der typische Kaffee-Geruch am Morgen aus mehr als hundert unterschiedlichen leicht flüchtigen Substanzen. Die menschliche Nase ist daher in der Lage, mehrere Tausend chemische Duftstoffe zu unterscheiden.

Die Fragestellung der Neurobiologie ist es nun, herauszufinden, wie die Nase so viele Duftstoffe erkennen kann. Als Untersuchungsobjekt bieten sich Insekten an, deren Geruchserkennung um ein Vielfaches besser ausgeprägt ist, als die der Menschen. So sind z. B. einige Mottenarten in der Lage, einen Lockstoff, genannt Pheromon, zu erkennen, den ein Weibchen in über sechs Kilometer Entfernung abgesondert hat. Für die Forschung hat sich die Taufliege, Drosophila melanogaster, etabliert.

Abb. 1: Drosophila melanogaster Weibchen (Aufnahme: K. Störtkuhl).

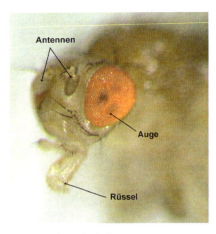

Abb. 2: Vergrößerung des Kopfes einer erwachsenen Taufliege (Aufnahme: K. Störtkuhl).

Das Genom ist wie beim Menschen komplett bekannt. Zudem ermöglichen moderne Verfahren, Taufliegen gezielt genetisch zu verändern. Erstaunlicherweise erkennen Taufliegen Duftstoffe nach dem gleichen Prinzip wie Menschen. Allerdings besitzen Taufliegen zu diesem Zweck zwei Antennen mit speziell ausgebildeten Zellen, die bestimmte Duftstoffe erkennen können.

In ähnlicher Weise befindet sich beim Menschen in der Nase eine Zellschicht (Nasenepithel) mit spezialisierten Geruchszellen. Diese Zellen liegen geschützt bei der Taufliege in Härchen, den sogenannten Sensillen.

Abb. 3: Querschnitt durch zwei Härchen (Sensillen). Die speziellen Zellen (olfaktorische Geruchsneurone), die die Duftstoffe erkennen können, sind rot dargestellt. Hellblau ist außen, rötlich ist der Bereich im Antenneninneren und schwarz ist die Außenhaut der Antenne, die Cuticula. In den Sensillen sind Poren, durch die die Duftstoffe in das Innere des Sensillums gelangen können. (Zeichnung: K. Störtkuhl).

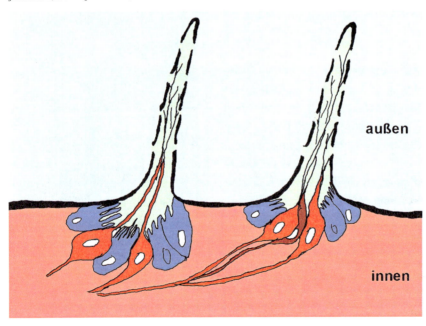

Bekannterweise übertragen Nervenzellen elektrische Signale, die im Gehirn verarbeitet werden, um so den Eindruck eines Duftes entstehen lassen. Wie aber kann ein Duftstoff, sobald er an eine spezielle Geruchsnervenzelle (olfaktorisches Rezeptorneuron; ORN) gelangt, ein solches elektrisches Signal auslösen? Dabei muss die Taufliege zwei wesentliche Merkmale erkennen können, nämlich die Konzentration (Quantität) und die Art (Qualität) des Duftstoffes.

Auf der Antenne der Taufliege sitzen 1.200 ORNs, die sehr spezielle Rezeptorproteine ausgebildet haben. Diese Proteine gehören zu der Familie von sieben Transmembran G-Protein gekoppelten Rezeptoren (GPCR). Jedes ORN bildet immer nur einen spezifischen Typ eines solchen Rezeptors aus. Die Taufliege besitzt 63 verschiedene Rezeptortypen, von denen jeweils ein Typ immer nur ein bestimmtes Spektrum an Duftstoffen erkennen kann. Daher kann z. B. Benzaldehyd (Bittermandelöl), eine nach Marzipan riechende Substanz, von nur ca. 20 der 1.200 ORNs auf der Antenne erkannt werden, da nur diese den Rezeptortyp besitzen, der auch Benzaldehyd erkennen kann.

Auf der Oberfläche dieser ORNs bindet also Benzaldehyd an den Rezeptor, wobei der Rezeptor seine Form verändert und ein benachbartes Protein, einen Kanal, aktiviert. Es kommt zum Einstrom von Kationen von außen in die ORNs hinein und damit zu einem elektrischen Stromfluss. Die Geruchsrezeptoren sind also nichts anderes als Dolmetscher, deren Aufgabe darin besteht, die Bindung eines bestimmten Duftstoffes in ein elektrisches Signal zu übertragen, das dann an das Gehirn weiter gegeben wird[4]. Je stärker die Duftstoffkonzentration desto mehr ORNs werden aktiviert und geben ihr elektrisches Signal ans Gehirn weiter.

Es bleibt nun zu klären, wie die Taufliege die einzelnen Duftstoffe voneinander unterscheiden kann. Dies erfolgt durch einen einfachen Trick. Alle ORNs, die die gleichen Duftstoffe erkennen können, sind mit einer bestimmten kleineren Untereinheit im Gehirn des Tieres verbunden. Diese Untereinheiten, die Glomeruli, findet man in einem Gehirnbereich, dem Antennenlobus. Hier laufen alle Informationen von der Antenne zusammen und werden in einer speziellen Form gebündelt.

Kommt nun ein Duftgemisch der Rose auf die Antenne, werden die farbig markierten ORNs aktiviert (siehe Abbildung 4) und senden ihr elektrisches Signal zum Antennenlobus. Dort werden bestimmte Glomeruli aktiv. Aus dem Muster der aktivierten Glomeruli kann die Taufliege nun erkennen, um welches Duftgemisch es sich handelt. Aus dieser Information generiert die Taufliege ein Verhalten. Entweder ist der Duftstoff attraktiv, oder es handelt sich um einen Warnstoff, den es zu vermeiden gilt.

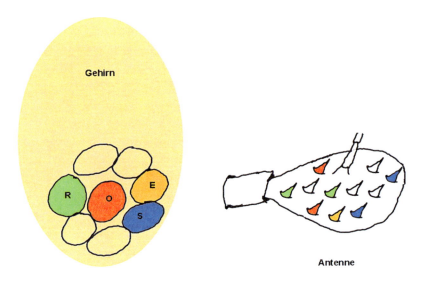

Abb. 4: Auf der Antenne sind alle ORNs, die den gleichen Duftstoff erkennen, mit der gleichen Farbe markiert. Ebenso sind die Glomeruli im Antennenlobus (Gehirn), mit denen diese ORNs verknüpft sind, in der gleichen Farbe gehalten. (Zeichnung: K. Störtkuhl)

Dieses Prinzip der olfaktorischen Kodierung ist in allen Organismen gleich. Die Verarbeitung der Duftstoffqualität erfolgt beim Menschen in der gleichen Weise, wie sie eben für die Taufliege beschrieben wurde. Der Mensch hat ebenfalls ein spezielles Zentrum, in dem die olfaktorischen Signale verarbeitet werden, den olfaktorischen Bulbus. Dort ist allerdings eine Vielzahl von Glomeruli vorhanden, die sehr komplex auf die Signale aus der Nase reagieren.

DER DUFT DES BLAUEN LICHTS

Die Forschung am Geruchssystem der Taufliege hat den ungeheuren Vorteil, dass hier etliche Mutationen vorliegen, aber auch eine Vielzahl unterschiedlicher transgener Tiere entwickelt werden können. Das Einbringen von fremden Genen, die nicht im normalen Genom einer Taufliege zu finden sind, hat sich mittlerweile zu einem standardisierten Verfahren in der modernen Neurobiologie entwickelt. Dies ermöglicht Veränderungen am Geruchssystem, wie sie in anderen Organismen in der Form nicht vorgenommen werden können.

Um zu verstehen, warum ein Duftstoff z. B. als Warnstoff erkannt wird, ein anderer dagegen als Lockstoff wirkt, muss man das neuronale Verschaltungssystem im Gehirn des Tieres genauer in seiner Funktion untersuchen bzw. verändern. Die geruchsstofferkennenden Nervenzellen sind in einer typischen Weise mit dem Gehirn verbunden. Wird eine dieser Nervenzellen gereizt, führt dies aufgrund der typischen Verschaltung dieser Zelle mit dem Gehirn zu einer Reaktion, die die Tiere zum Duftstoff laufen lassen. Umgekehrt kann das Reizen einer Nervenzelle, die in anderer Weise mit dem Gehirn verschaltet ist, zu einer Fluchtreaktion führen. Die Verschaltungen sind bislang wenig untersucht. Es wurde nun ein Verfahren entwickelt, in dem es möglich ist, ohne einen invasiven Eingriff einzelne ORNs mit Blaulicht zu reizen und die Reaktion auf diesen Reiz im Verhalten zu testen. Diese Tests wurden an den Larven der Taufliegen durchgeführt. Aus befruchteten Eiern entwickeln sich zunächst Larven, die über einen Zeitraum von 14 Tagen wachsen. Danach schließt sich ein Puppenstadium an, in dem das Tier heranwächst. Nach ca. zehn Tagen schlüpfen dann die adulten Tiere und der Entwicklungszyklus beginnt von neuem. Adulte Tiere können bis zu drei Wochen alt werden.

Larven sind in der Lage, die gleichen Duftstoffe zu erkennen, wie die erwachsenen Tiere. Allerdings ist das Geruchssystem der Larven sehr primitiv aufgebaut und besteht aus lediglich 28 spezialisierten Zellen (ORNs). Jedes einzelne ORN erkennt ein bestimmtes Spektrum von Duftstoffen. Um die Fragen nach der neuronalen Verschaltung (s.o.) beantworten zu können, wurden zuerst transgene Larven hergestellt, die ein aus einer Alge stammendes Eiweißmolekül in einzelnen

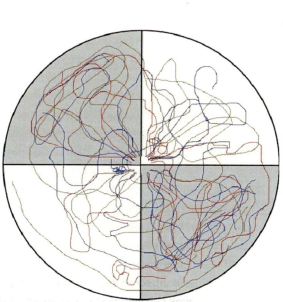

Abb. 5: Perti-Schale, Aufsicht, 35 Larven (siehe kleine Abbildung einer Larve oben rechts) werden in die Mitte der Petrischale gesetzt, die in vier Sektoren eingeteilt ist. Zwei Sektoren sind lichtundurchlässig (in der Abbildung grau dargestellt) und zwei sind lichtdurchlässig (in der Abbildung weiß dargestellt). Von der Mitte aus laufen die Larven in die beleuchteten und unbeleuchteten Bereiche. In der Abbildung sind in den weißen Sektoren die Laufspuren einzelner Larven abgebildet, die in den ORNs Channelrhodopsin besitzen. Diese veränderten Larven riechen das blaue Licht, anders als normale unveränderte Larven, die das blaue Licht vermeiden.
Zeichnung/Aufnahme: K. Störtkuhl.

ORNs ausbilden. Dieses Eiweißmolekül, Channelrhodopsin, ist ein Kanal, der im normalen nicht gereizten Zustand geschlossen ist. Der Kanal Channelrhodopsin stammt aus der Alge Chlamydomonas reinhardtii. Er wird in die Zellmembran der ORNs der Larve eingebaut. Durch die Bestrahlung der ORNs mit blauem Licht wird dieser Kanal aktiviert. Er öffnet sich und lässt Kationen in die ORNs. Es kommt also zu einem Stromfluss, den die Zelle an das Gehirn weiterleitet. Man kann diese Kanäle gezielt in einen der 28 ORNs einbringen. Folglich wird nur die Rezeptorzelle, die die Kanäle besitzt, bei Bestrahlung mit Blaulicht gereizt. Den anderen ORNs fehlen diese Kanäle, sodass sie nicht auf blaues Licht reagieren können. So ist es mit dieser modernen Technik möglich, gezielt einzelne ORNs durch Blaulichtreizung zu aktivieren und ein Verhalten in den Larven auszulösen. Das Blaulicht simuliert sozusagen die Präsenz eines Duftstoffes. Studien ergaben, dass durch den Reiz mit Blaulicht zweier Geruchsrezeptorzellen, die diese Kanäle ausbilden, bei der Larve eine Fluchtreaktion ausgelöst wird, das Blaulicht also einen warnenden Duftstoff simuliert.[5,6]

Dieses Verfahren der Photo-Aktivierung wird nun auch in anderen Laboren eingesetzt, um beispielsweise gezielt einzelne Nervenzellen im Gehirn der Maus zu aktivieren und deren Funktion in einem neuronalen Netzwerk zu untersuchen.

GERUCHSSTOFFE ÜBERALL

In der Natur haben Duftstoffe eine Vielzahl unterschiedlicher Funktionen. Sie dienen zur Markierung von Wegen (z. B. bei Ameisen), zur Erkennung von Artgenossen (z. B. bei Bienen), zur Erkennung von Futterquellen (z. B. bei Raubtieren) oder um für den Partner attraktiver zu werden (z. B. Pheromone-Ausschüttung bei Motten). Letzteres wird vor allem in der Parfümindustrie gezielt eingesetzt, um Produkte an den Mann zu bringen. So gibt es unzählige Essenzen mit dem Namen »Pheromon«, die den Mann für das weibliche Geschlecht attraktiv werden lassen sollen. Ein wissenschaftlicher Nachweis für die versprochene Wirkung fehlt aber bisher.
Die Assoziation von Duftstoffen mit einem bestimmten Erlebnis ist tief im Unbewussten verwurzelt. Jeder hat die Erfahrung gemacht, bei einem besonderen Geruch in eine bestimmte angenehme oder auch schreckliche Situation versetzt zu werden und bestimmte Erinnerungen damit zu verbinden. Die Assoziation von einem attraktiven Duft mit einem angenehmen Gefühl nutzt die Industrie, um den Kunden in eine angenehme Stimmung zu versetzen und ihn zum Kauf zu animieren. In Kaufhäusern werden gezielt Duftstoffe eingesetzt, die die Ver-

weildauer des Kunden bei einem bestimmten Produkt erhöhen. Und in der Tat zeigen wissenschaftliche Studien, dass durch den Einsatz von Düften die Verweildauer verlängert wird und damit die Bereitschaft, das Produkt zu erwerben, zunimmt. Duftstoffe werden bereits ohne unser Wissen bei vielen Gelegenheiten eingesetzt. Der gezielte Einsatz von frischen Duftstoffen in einer Empfangshalle eines Hotels soll die gereizt ankommenden Hotelgäste besänftigen. Und das versprühen von frischen Düften im Klassenzimmer soll die Konzentration der Schüler erhöhen. Die Untersuchungen am Geruchssystem sollen daher zukünftig Aufschluss darüber geben, wie Düfte unseren Alltag beeinflussen können. Gleichzeitig ist es aber auch Ziel dieses Forschungsgebietes, technische Nasen zu entwickeln, die zukünftig in der Lage sein werden, toxische Stoffe in der Luft oder in Flüssigkeiten schneller detektieren zu können. Der Einsatz technischer Nasen kann aber auch die Verderblichkeit der Nahrungsmittel anzeigen. Die Kenntnisse über das Geruchssystem sind noch sehr gering. Der Duft des blauen Lichts ist aber ein erster Schritt hin zu einem ersten Verstehen eines der ursprünglichsten sensorischen Systeme des Menschen, dem Geruchssystem.

[1] D. Martinetz, R. Dieter: Taschenbuch der Riechstoffe; Verlag Harri Deutsch, Frankfurt 1998
[2] G. Ohloff: Signale der Gefühlswelt; Verlag Helvetica Chimica Acta, Zürich 2004
[3] Leinders-Zufall et al. MHC Class I Peptides as Chemosensory Signals in the Vomeronasal Organ. Science 306: 1033–1037; 2004
[4] R. Ketter and K.F. Störtkuhl Functional analysis of an olfactory receptor in Drosophila melanogaster PNAS 98: 8936-8937 (2001)
[5] Bellmann, Richardt, Freyberger, Nuwal, Schwärzel, Fiala, Störtkuhl: »Optogenetically induced olfactory stimulation in Drosophila larvae reveals the neuronal basis of odor-aversion behavior« Front. Behav. Neuro. 4: (2010): 27. doi:10.3389/fnbeh.2010.00027
[6] Lucas Laursen »Fruitfly larvae smell the light« Nature doi: 10.1038/news.2010.273

INNOVATIONEN
AUS BETRIEBSWIRTSCHAFTLICHER SICHT

Peter Witt

GRUNDBEGRIFFE DER BETRIEBSWIRTSCHAFTLICHEN INNOVATIONSFORSCHUNG

Die Betriebswirtschaftslehre versteht unter einer Innovation ein qualitativ neuartiges Produkt oder Verfahren. Die Neuartigkeit muss vom Nutzer bzw. Kunden wahrgenommen werden. Für die Betriebswirtschaftslehre ist es auch wichtig, zwischen Erfindungen und Innovationen zu unterscheiden. Das reine Hervorbringen einer Idee genügt nicht. Eine Innovation unterscheidet sich dadurch von einer Erfindung, dass sie zu einem verkaufbaren und nutzbaren Produkt bzw. Produktionsverfahren führt. Es ist in der Betriebswirtschaftslehre weiterhin üblich, die Generierung von Innovationen als einen Prozess anzusehen, in dem verschiedene Aktivitäten im Zeitablauf verknüpft werden. Es geht insbesondere darum, wie die Aktivitäten in diesem Prozess aus kaufmännischer und aus technischer Sicht geplant, gesteuert und kontrolliert werden können.

Für eine betriebswirtschaftliche Sicht auf Innovationen ist es schließlich relevant, den Neuigkeitsgrad einer Innovation näher zu definieren. In einer sehr radikalen Sicht kann man alles das als Innovation bezeichnen, was erstmalig auf der Welt bzw. für die Menschheit verfügbar ist. Man kann so etwas als radikale Innovation bezeichnen. Eine andere Sichtweise ist die nationale. Hier wäre das Kriterium, ob eine Innovation neu in einem betreffenden Land eingeführt wird. Ähnlich könnte man für Branchen vorgehen. Durchgesetzt hat sich jedoch ein Innovationsbegriff, der auf das innovierende Unternehmen abstellt. Ein Unternehmen hat dann eine Innovation hervorgebracht, wenn es eine technische Neuerung erstmalig nutzt. Das gilt unabhängig davon, ob andere Unternehmen das bereits vor ihr getan haben. Insofern wäre aus betriebswirtschaftlicher Sicht alles das als Innovation zu bezeichnen, was neu für das Unternehmen ist. Man könnte eine ähnliche Sichtweise auch individualistisch vornehmen. Dann wäre eine Innovation alles das, was für eine einzelne Person neu ist. Dies ist jedoch aus betriebswirtschaftlicher Sicht nicht sinnvoll, da der Gegenstand der Forschung immer das Unternehmen ist. Die unternehmerische Sicht auf Innovationen wird auch in diesem Beitrag gewählt.

Innovationen haben nicht nur für einzelne Unternehmen, sondern auch für Volkswirtschaften große Bedeutung. Sie führen zu wirtschaftlichem Wachstum. Sie helfen Unternehmen, Arbeitsplätze zu schaffen. Innovationen sind auch für die gesellschaftliche Weiterentwicklung von großer Bedeutung. Dennoch ist hervorzuheben, dass die betriebswirtschaftliche Sichtweise auf Innovationen keineswegs immer eine gesellschaftliche Nützlichkeit unterstellt. Es könnte durchaus Innovationen geben, die am Markt erfolgreich sind, aber aus gesellschaftlicher Sicht entbehrlich oder sogar schädlich sind. Ein besonders drastisches Beispiel ist die Erfindung und Vermarktung eines neuen Waffensystems. Der Betriebswirtschaftslehre geht es erst einmal nur um die kaufmännische Sicht. Sie fragt, ob eine Innovation technisch umgesetzt und dann ökonomisch erfolgreich in einem Markt verkauft werden kann. Dabei ist es natürlich durchaus möglich, dass wirtschaftlich erfolgreiche Innovationen auch gesellschaftlichen Nutzen stiften. Die Liste der Innovationen, die der Menschheit großartige neue Entwicklungsmöglichkeiten geschaffen haben, ist lang. Beispielsweise wurde 1329 in Korea der Buchdruck erfunden. Er wurde dann 1450 in Deutschland wesentlich verbessert. 1498 wurde in China die Zahnbürste erfunden und erstmals vermarktet. Das Thermometer wurde 1603 in Italien erfunden. Aus dem Jahr 1642 stammt die erste Rechenmaschine, die in Frankreich entwickelt wurde. Diese Liste ließe sich bis in die jüngste Zeit fortsetzen. Insofern ist unkritisch, dass Innovationen nicht nur für die einzelnen innovierenden Unternehmen, sondern auch für die Kunden und für ganze Volkswirtschaften von hoher Bedeutung sind.

Innovationen treffen nicht immer auf gesellschaftliches Wohlwollen oder gar Befürwortung. Es hängt ganz wesentlich vom Verständnis und von der Betroffenheit der Nutzer ab, wie Innovationen wahrgenommen werden. Typischerweise ist es so, dass Erfinder und Entwickler ihre Innovationen sehr viel optimistischer sehen als andere Menschen. Es ist auch typisch, dass die Ablehnung von Innovationen umso stärker ist, je weniger die Betroffenen von der Technologie verstehen und je größere Risiken sie für sich selber sehen. Beispiele sind die aktuellen Debatten um innovative Verfahren der Energieerzeugung, um Innovationen in der Stammzellenforschung oder Innovationen in der Pflanzenzucht. Betriebswirtschaftliche Studien haben gezeigt, dass der öffentliche Widerstand gegenüber Innovationen stark abhängt von den Schulsystemen eines Landes, von den bisherigen Erfahrungen, die mit Innovationen gemacht wurden, von der Religion und von der kulturellen Offenheit für Neuigkeiten. Natürlich gibt es auch Innovationen, die von der Öffentlichkeit begrüßt werden, weil sie drängende gesellschaftliche Probleme lösen. Ein Beispiel sind Innovationen in der Pharmazie oder in der Medizintechnik.

INNOVATIONSSTRATEGIEN

Das wichtigste Ziel eines Unternehmens besteht darin, für seine verschiedenen Anspruchsgruppen (Stakeholder) Wert zu schaffen. Zu den Anspruchsgruppen zählen Aktionäre, Mitarbeiter, Kunden, aber auch Fremdkapitalgeber, Lieferanten und der Staat. Wert kann ein Unternehmen immer dann schaffen, wenn die Rendite auf das eingesetzte Kapital höher ist als die Kapitalkosten. Das gilt im Wesentlichen auch für Innovationen. Innovationen schaffen immer dann Wert, wenn die Rendite auf das für Innovationen und Innovationsforschung eingesetzte Kapital höher ist als die Kapitalkosten.

Weniger eindeutig ist die Frage zu beantworten, ob es zur Wertsteigerung überhaupt Innovationen bedarf. Es könnte durchaus Unternehmen geben, die nicht selber innovativ sind, sondern die neue Produkte und Verfahren immer nur von anderen Unternehmen kopieren. Es gibt auch Märkte, in denen die Produktinnovationsrate vergleichbar gering ist. Dort können über mehrere Jahrzehnte mehr oder weniger unveränderte Produkte hergestellt und verkauft werden. In vielen Branchen ist die Generierung von Innovationen jedoch unerlässlich. Unternehmen können in solchen Branchen nur wachsen, wenn sie neue Produkte und Verfahren entwickeln. Eine theoretische Begründung dafür ist der Produktlebenszyklus. Er besagt, dass jedes Produkt im Zeitablauf irgendwann vom Markt verdrängt wird, weil es ein technisch besseres oder mit mehr Kundennutzen ausgestattetes neues Produkt gibt. Unternehmen müssen dann für sich entscheiden, ob sie selbst an der Entwicklung von Innovationen und Nachfolgeprodukten mitwirken wollen, oder ob sie neue Produkte erst dann kopieren wollen, wenn Wettbewerber sie erfolgreich auf dem Markt eingeführt haben.

Die betriebswirtschaftliche Forschung hat sich intensiv mit geeigneten Innovationsstrategien befasst. Es sind im Wesentlichen drei Strategien abgeleitet worden, die ein Unternehmen verfolgen kann. Die defensive Strategie besteht darin, vornehmlich die Neuentwicklungen von anderen Unternehmen zu imitieren. Unternehmen mit einer defensiven Innovationsstrategie betreiben keine eigene Forschung und Entwicklung, sie bauen nur die Innovationen der Wettbewerber nach. Sie verfügen auch meist nicht über eigene Forschungskompetenz, sondern nutzen externe Technologiequellen. Eine defensive Innovationsstrategie hat geringere Risiken, bietet dafür aber auch geringere Chancen. Es handelt sich insgesamt um eine eher risikoscheue Ausrichtung. Eine solche Strategie ist nur empfehlenswert für Unternehmen, die ihre Kernkompetenzen in anderen Bereichen haben, beispielsweise in der Fertigung oder im Marketing.

Eine offensive Innovationsstrategie bedeutet, dass ein Unternehmen eigene Forschungs- und Entwicklungsaktivitäten unternimmt. Das strategische Ziel besteht dann darin, eigene Produktinnovationen zu realisieren. Insofern handelt es sich um eine Strategie mit einem hohen Chancen-Risiko-Profil. Sie kennzeichnet risikofreudige Unternehmen. Die offensive Innovationsstrategie ist oft die einzige strategische Alternative, wenn ein Unternehmen bereits Markt- und Technologieführer ist. Sie erfordert, dass im Unternehmen umfangreiche Forschungs- bzw. Technologiekompetenzen vorliegen.

Eine dritte Innovationsstrategie wird als absorbierend bezeichnet. Sie besteht darin, dass ein Unternehmen externe Innovationen nutzt. Konkret könnten Entwicklungen und Erfindungen von anderen Unternehmen gekauft oder in Lizenz genommen werden. Die Weiterentwicklung erfolgt dann in den innovierenden Unternehmen. Durch eine absorbierende Innovationsstrategie vermeidet ein Unternehmen die sehr riskante Grundlagenforschung. Es bedarf jedoch trotzdem einer Technologiekompetenz im eigenen Hause, um Innovationen anderer Unternehmen beurteilen zu können. Eine absorbierende Innovationsstrategie erscheint dann vorteilhaft, wenn externe Innovationen schneller entwickelt werden können als eigene.

Ein weiteres Element der Innovationsstrategie eines Unternehmens ist die Stoßrichtung für Innovationen. So könnte ein Unternehmen primär ein Interesse daran haben, die Produktionskosten zu senken. Das geeignete Verfahren hierzu wären Prozessinnovationen. Umgekehrt könnte das Ziel darin bestehen, den Kundennutzen von Innovationen zu erhöhen. In diesem Falle wären Produktinnovationen das geeignete Instrument. Schließlich kann ein Unternehmen auch versuchen, beides zu tun. Die Innovationsstrategie würde dann Prozess- und Produktinnovationen kombinieren. Abbildung 1 stellt die beschriebenen Stoßrichtungen für unternehmerische Innovationen dar. Die dort eingezeichnete Wettbewerbslinie bezeichnet Punkte, an denen ein Unternehmen wettbewerbsfähig ist. Liegt ein Unternehmen unterhalb der Wettbewerbslinie, dann hat es einen Wettbewerbsnachteil. Es gibt dann immer ein Unternehmen, das entweder dieselbe Qualität zu niedrigeren Preisen anbietet, oder eines, das zum gleichen Preis eine bessere Qualität anbietet. Insofern sind viele Unternehmen allein durch die Innovationsbemühungen ihrer Wettbewerber gezwungen, selbst innovativ zu werden.

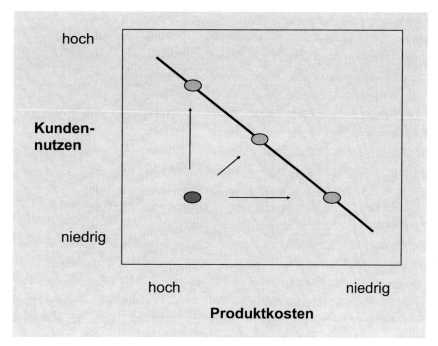

Abb. 1: Stoßrichtung für Innovationen

Eine weitere wichtige strategische Frage betrifft die Zeiträume der Planung. So könnte ein Unternehmen eine Pionierstrategie verfolgen. Sie besteht darin, Innovationsführer zu sein bzw. neue Produktkategorien als erster am Markt einzuführen. Die typischen Zielkunden für eine Pionierstrategie sind sogenannte Innovatoren und frühe Abnehmer. Man spricht mitunter auch von »Technik-Freaks«. Die Historie zeigt jedoch, dass Pioniere nicht immer auch später Marktführer sind. So erfand das Unternehmen RC Cola die Cola in Dosen, Coca-Cola übernahm jedoch die Marktführung. Die Firma Bowmar erfand und vermarktete als erster den Taschenrechner, das amerikanische Unternehmen HP wurde aber später Marktführer. Umgekehrt gibt es natürlich auch viele Beispiele dafür, dass Pioniere erfolgreich am Markt sind und immer einen Marktanteils- und Imagevorteil haben. Das deutsche Unternehmen Mercedes-Benz wirbt beispielsweise mit dem Slogan: »Die Erfinder des Automobils«.

Wenn ein Unternehmen nicht Pionier sein will, so kann es immer noch Nachfolgerstrategien wählen. Die Forschungs- und Entwicklungsaktivitäten sind dann darauf gerichtet, ein neues Produkt oder ein neues Verfahren erst dann in den Markt einzuführen, wenn es sich bewährt hat. Eine solche Nachfolgerstrategie beinhaltet auch, Produktinnovationen anderer Unternehmen zu imitieren. Die Zielkunden sind in diesem Fall kostenbewusste Menschen und »Zauderer«. Sie würden ein neues Produkt erst dann kaufen, wenn es preisgünstig geworden ist und wenn der Nutzen klar erkennbar wird. Die betriebswirtschaftliche Literatur hat allerdings bisher nicht herausfinden können, wie viel später eine Nachfolgerstrategie noch erfolgreich sein kann. Das Unternehmen Apple ist ein Beispiel für ein Unternehmen, das häufig erst relativ spät in den Markt eintritt, dann aber trotzdem noch Marktführer wird.

Schließlich geht es bei Innovationsstrategien auch um internationale Fragen. So muss ein Unternehmen festlegen, wo es Forschung und Entwicklung betreiben will. Eine Variante besteht darin, ein zentrales Labor zu verwenden. Dann werden alle Forschungs- und Entwicklungsaktivitäten in dieser zentralen Organisationseinheit durchgeführt und später weltweit vermarktet. Eine solche zentrale Innovationsstrategie ist immer dann empfehlenswert, wenn es wenige kundenspezifische Unterschiede in der Anwendung der Produkte gibt. Umgekehrt ist eine lokale Entwicklung immer dann sinnvoll, wenn sich die Kundenwünsche hinsichtlich eines Produktes regional unterscheiden. Dann könnte ein Unternehmen durchaus Forschung und Entwicklung an verschiedenen Standorten betreiben und die einzelnen dezentralen Standorte könnten durchaus ganz unterschiedliche Produkte entwickeln.

DAS MANAGEMENT VON INNOVATIONSPROZESSEN

Im Mittelpunkt der betriebswirtschaftlichen Sichtweise auf Innovationen steht die Vorstellung von einem Innovationsprozess. Er umfasst verschiedene Schritte. Sie reichen von der Umweltanalyse über die Markteinführung bis hin zur Kontrolle des Markterfolges. Abbildung 2 zeigt ein typisches Phasenschema des Innovationsprozesses.

In diesem Phasenschema zeigt sich deutlich, dass eine Innovation aus Managementsicht drei Hürden nehmen muss. Zunächst geht es darum, zu einem bestimmten Kundenbedürfnis ein Produkt zu realisieren oder für eine bestimmte Technologie ein Produkt zu entwickeln. Im ersten Fall spricht man von »Market-Pull«, im zweiten Fall von »Technology-Push«. Auf jeden Fall muss es einem Un-

1. Umweltanalyse
2. Ideensuche
3. Erfindung
4. Überprüfung der technischen Machbarkeit
5. Entwicklung
6. Testen des Prototypen oder der Versuchsanlage
7. Ökonomische Machbarkeitsstudien
8. Entwicklung der Fertigungstechnologie
9. Testen der Serienfertigung
10. Anmeldung, Genehmigung, Registrierung
11. Markteinführung
12. Kontrolle des Innovationserfolgs

Abb. 2: Ein Phasenschema des Innovationsprozesses

ternehmen aus einer Umweltanalyse und einer Ideensuche heraus gelingen, ein neues Produkt bzw. ein neues Verfahren zu erfinden. Empirisch betrachtet ist das Risiko eines Fehlschlags groß. In vielen Fällen können Unternehmen trotz intensiver Forschungsbemühungen keine oder nur unzureichend viele Produktideen generieren, einfach weil die Unsicherheit des Erfindens neuer Produkte so hoch ist.

Der zweite Schritt, den eine erfolgreiche Innovation nehmen muss, ist die Überprüfung der technischen Realisierbarkeit. Es muss geprüft werden, ob eine bestimmte Produktidee technisch umsetzbar ist. Es muss auch geprüft werden, ob diese neue Produktidee in einer Großserienfertigung realisiert werden kann. Dies gelingt in aller Regel nur dann, wenn Prototypen gebaut werden, Versuchsanlagen eingerichtet und Serienfertigungen umgesetzt werden können.

Die dritte Hürde, die eine erfolgreiche Innovation nehmen muss, ist die ökonomische Machbarkeit. Es ist keineswegs so, dass alles, was technisch machbar ist, auch kaufmännisch sinnvoll wäre. So könnte es neue Produkte oder Verfahren geben, deren Herstellung einfach zu teuer ist. Es könnte auch Produkte geben, die zwar technisch umsetzbar sind, für die es aber einfach zu wenige Kunden gibt. Man spricht in dieser Phase von ökonomischen Machbarkeitsstudien und vom Test der Serienfertigung. Erst wenn ein neues Produkt oder ein neues Verfahren für technisch und für ökonomisch machbar erklärt worden ist, kann die Markteinführung beginnen. Auch ist es wieder denkbar, dass ein Produkt zwar technisch realisierbar war und ökonomisch aussichtsreich erschien, aber doch keinen Markterfolg aufweist. Das könnte einfach daran liegen, dass nicht genug Kunden das neue Produkt kaufen. Es könnte auch daran liegen, dass es mittlerweile andere innovative Produkte von Wettbewerbern gibt. Insofern ist ganz am Ende des Innovationsprozesses eine Kontrolle des Innovationserfolges erforderlich. Man kann erst dann beurteilen, ob eine Innovation wirklich Wert geschaffen hat. Dies ist nur der Fall, wenn die Rendite, die mit einem neuen Produkt erzielt wird, höher liegt als die Kosten des Kapitals, die für die Innovation aufgewendet wurden. Empirisch zeigt sich, dass Innovationen in der Praxis häufig nicht ökonomisch erfolgreich sind. Es gibt nur wenige Produkte, die wirklich Wert schaffen. Dennoch sind viele Branchen auf diese wenigen erfolgreichen Innovationen angewiesen. Man kann demzufolge von einer Aktivität sprechen, in der Fehlschläge die Norm und Erfolg die Ausnahme sind. Man kann es auch anders sagen: Aus betriebswirtschaftlicher Sicht sind Innovationen ein höchst riskantes Unterfangen.

Bei einer Analyse des geeigneten Managements von Innovationsprozessen ist weiterhin die Frage nach der erforderlichen Zentralisierung bzw. Dezentralisierung zu stellen. Die eine Alternative besteht darin, alle Forschungs- und Entwicklungsaktivitäten an einem Standort durchzuführen, also eine voll zentrale Forschung und Entwicklung zu betreiben. Umgekehrt wäre das andere Extrem, dass Forschungs- und Entwicklungsaktivitäten ganz dezentral an verschiedenen Standorten durchgeführt werden. Abbildung 3 zeigt ein Schema, nach dem Unternehmen beurteilen können, ob bei ihnen eine Zentralisierung oder eher eine Dezentralisierung des Innovationsprozesses infrage kommt. Die Abbildung zeigt auch, dass es Mischformen geben kann. Bei Mischformen würde ein Teil der Entwicklungsaktivität zentral erfolgen, ein anderer Teil würde dezentral an verschiedenen Standorten erfolgen.

Generell ist beim Management von Innovationsprozessen zu beachten, dass es unterschiedliche Ziele geben kann und dass durchaus erhebliche Widerstände gegen Innovationsvorhaben zu erwarten sind. Die drei wichtigsten Zieldimensionen in einem Innovationsprozess sind die erforderliche Zeit, die erforderlichen Kosten und die Qualität des Ergebnisses. Üblicherweise lassen sich nicht alle drei Ziele gleichzeitig durch dieselben Maßnahmen erreichen. So ist es durchaus vorstellbar, dass man die Durchlaufzeit eines Innovationsvorhabens dadurch verringern kann, dass man mehr Geld investiert. Umgekehrt ist es auch typischerweise

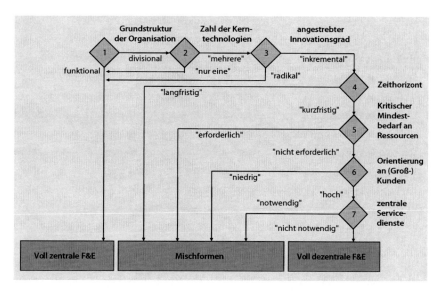

Abb. 3: Zentralisierung und Dezentralisierung in Innovationsprozessen (Quelle: Hauschildt/Salomo 2007, S. 128)

so, dass eine höhere Qualität des innovativen Produktes ein höheres Budget erfordert. Manager von Innovationsprozessen müssen also entscheiden, welches Ziel für sie Priorität hat. Sie müssen auch entscheiden, welche Zugeständnisse bei einzelnen Zieldimensionen ihnen akzeptabel erscheinen. So könnte es für jedes Forschungs- und Entwicklungsprojekt beispielsweise ein maximales Budget geben, eine maximale Durchlaufzeit oder eine minimale Qualität des Ergebnisses.

Es sind in der Betriebswirtschaftslehre verschiedene Verfahren entwickelt worden, um die Steuerung von Innovationsprozessen zu unterstützen. Man bezeichnet sie als Netzplantechniken. In einem Netzplanverfahren werden die einzelnen Aktivitäten des Innovationsprozesses in ihrer Reihenfolge und mit ihrem jeweiligen Zeit- und Ressourcenbedarf dargestellt. Der Grundgedanke besteht darin, dass das Management in den Ablauf steuernd eingreifen kann. So könnten beispielsweise Aktivitäten beschleunigt oder parallelisiert werden. Umgekehrt könnte ersichtlich sein, wann Budgets erhöht werden müssen. Die grundsätzliche Zielsetzung besteht darin, vorab ein Gefühl dafür zu bekommen, wann ein Innovationsvorhaben fertig werden kann, mit welchen gesamten Entwicklungskosten zu rechnen ist und welche Qualitätsanforderungen an das Produkt bzw. das fertige Verfahren zu stellen sind.

Je weiter ein einzelnes Innovationsvorhaben die beschriebenen Prozessschritte durchlaufen hat, desto weniger kann das Management noch Einfluss auf die

Zieldimensionen nehmen. So sind beispielsweise mit Abschluss der Produktgestaltung in der Mitte des Innovationsprozesses typischerweise bereits 90% der funktionalen Eigenschaften, 80% der Termine, 70% der Qualität und 60% der Produktkosten festgelegt. Änderungen am Design eines Produktes oder an seiner Funktionalität werden umso teurer, je später sie im Innovationsprozess realisiert werden. Alles das spricht dafür, jeden Innovationsprozess sorgfältig zu planen und auch sorgfältig zu begleiten. Aus betriebswirtschaftlicher Sicht ist ein Innovationscontrolling unerlässlich. Es muss feststellen, welche Meilensteine wann zu erreichen sind. Das Innovationscontrolling muss sich auch überlegen, wie es mit Überschreitungen der Planung umgehen will. Im Extremfall müssten Abbruchkriterien definiert werden. Sie besagen beispielsweise, dass ein Innovationsvorhaben dann einzustellen ist, wenn ein bestimmtes Budget ausgeschöpft wurde. Es könnte auch so sein, dass ein Innovationsprojekt eingestellt wird, weil bestimmte Meilensteine verfehlt wurden. Dies ist eine typisch kaufmännische Aufgabe, die bei den betroffenen Entwicklern nicht auf Gegenliebe stößt. Sie ist aber wichtig, denn ansonsten würden Innovationsprojekte auch dann fortgeführt, wenn ihre Realisierungswahrscheinlichkeit immer weiter abnehmen bzw. wenn ihre Kosten immer mehr ansteigen.

Das Management von Innovationsprozessen bedeutet auch, mit unternehmensinternen Widerständen umzugehen. Typischerweise sind mehrere Abteilungen bzw. Funktionen am Innovationsprozess beteiligt. Die Beschaffungsabteilung überlegt sich, woher Vorprodukte bzw. Materialien bezogen werden könnten. Mit der Produktion muss abgestimmt werden, wie ein innovatives Produkt gefertigt werden kann. Die Marketingabteilung hat ein Interesse daran, das neue Produkt möglichst eng an den Kundenbedürfnissen auszurichten und es entsprechend zu individualisieren. Aus all diesen Interessen rühren typische Schnittstellenprobleme her. Es kommt auch typischerweise zu ganz erheblichen Konflikten. Daher ist nach Verfahren gesucht worden, wie interne Widerstände gegen Innovationsvorhaben überwunden werden können. Ein solches Instrument ist das sogenannte Promotoren-Modell. Abbildung 4 stellt es in den Grundzügen dar.

Dem Promotoren-Modell zufolge muss es beispielsweise immer einen Machtpromotor geben, der Ressourcen freigibt, der die Ziele eines Innovationsvorhabens formuliert und der sicherstellt, dass Widerstände überwunden werden können. Typischerweise handelt es sich bei dem Machtpromotor von Innovationsvorhaben um einen ranghohen Manager. Idealerweise ist sie oder er Mitglied der Geschäftsführung bzw. des Vorstandes. In engem Kontakt mit den einzel-

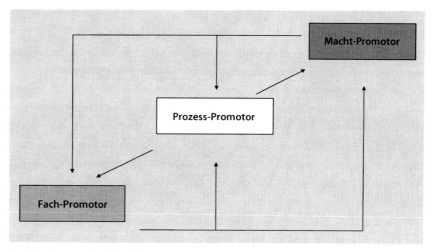

Abb. 4: Das Promotoren-Modell betrieblicher Innovationen (Quelle: Hauschildt/Salomo 2007, S. 230)

nen Abteilungen und den betroffenen Mitarbeitern arbeitet der Fachpromotor. Seine Aufgabe besteht darin, geeignete Alternativen zu generieren. Er ist auch zuständig für die eigentliche Problemlösung in den technischen Abläufen des Innovationsprozesses. Der Fachpromotor sollte sich mit den zu entwickelnden Produkten bzw. Verfahren gut auskennen. Er sollte über technischen Sachverstand verfügen, um mit den betroffenen Kolleginnen und Kollegen kommunizieren zu können. Er ist auch oft der derjenige, der die Initiative zu einem Innovationsvorhaben ergreift. Zwischen Machtpromotor und Fachpromotor bewegt sich der Prozesspromotor. Seine Rolle ist darin zu sehen, Widerstände zu überwinden, die Gesamtprozesse in Teilprozesse zu zerlegen, Konflikte zu beseitigen und zu informieren. Der Prozesspromotor muss nicht unbedingt fachlicher Experte sein. Es ist wichtig, dass er die verschiedenen Sichtweisen auf ein Innovationsvorhaben versteht und dass er in der Lage ist, unterschiedliche Informationsstände auszugleichen.

Insgesamt unterstellt das Promotoren-Modell, dass man mit einer Gruppe von drei Promotoren (Machtpromotor, Fachpromotor, Prozesspromotor) innerbetriebliche Widerstände wirksam überwinden und einen erfolgreichen Ablauf des Innovationsprozesses sicherstellen kann. Die Promotorentheorie ist insofern interessant, als sie in Deutschland entwickelt wurde und sich empirisch auch gut bestätigen ließ. Sie ersetzt eine eher US-amerikanische Sichtweise, nach der eine bestimmte Person ganz alleine Innovationen zum Erfolg verhilft (der Innovations-Champion).

Eine weitere bedeutende Frage beim Management von Innovationsprozessen ist die nach einer Beteiligung von Kunden. Abbildung 5 zeigt, auf welche Art und Weise Kunden in den Innovationsprozess eines Unternehmens eingebunden werden sollten. Die bisherigen empirischen Studien zeigen, dass es durchaus Unterschiede zwischen bestimmten Branchen gibt. So kann es Neuproduktentwicklungen geben, zu denen der Kunde nichts beitragen kann, weil er zu wenig von der Technologie versteht. Es gibt aber auch Branchen und Produkte, bei denen das Wissen der Kunden für Innovationen nutzbar gemacht werden kann. So haben manche Kunden vielleicht schon selbst versucht, eine innovative Lösung für ihr Problem zu entwickeln. Diese Kunden können dann in besonders treffender Weise beschreiben, welche Probleme bei der Neuproduktentwicklung zu überwinden sind. Das Ziel des Managements von Innovationsprozessen sollte dann darin bestehen, diese Kunden an der Neuproduktentwicklung zu beteiligen. Eine solche Beteiligung ist insbesondere in den frühen Phasen des Entwicklungsprozesses sinnvoll, also wenn es um Kundenbedürfnisse, Funktionalität und Zielsetzung geht. Ebenso ist eine Einbindung der Kunden auch in den späten Phasen des Innovationsprozesses durchaus sinnvoll. Dann geht es beispielsweise um das endgültige Design, Produktvarianten oder Sonderfunktionen. In den mittleren Phasen des Innovationsprozesses ist nach bisherigen empirischen Erkenntnissen eine Beteiligung der Kunden nicht sinnvoll. Das liegt daran, dass es den Kunden eines Unternehmens in aller Regel am technischen Sachverstand fehlt, um die technische und ökonomische Machbarkeit zu überprüfen.

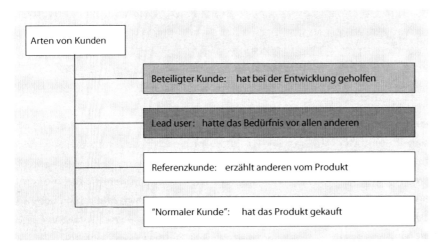

Abb. 5: Einbindung von Kunden in den Innovationsprozess

Kunden erfüllen jedoch noch weitere Funktionen. So kann es sinnvoll sein, für ein innovatives Produkt sogenannte Referenzkunden zu gewinnen. Mit ihnen alleine verdient man vielleicht kein Geld, aber sie werden von anderen potenziellen Kunden beobachtet. Solche Referenzkunden wirken bei ihren Freunden und Bekannten als soziale Meinungsführer und wirken auf diese Weise als Multiplikatoren. Es gibt auch sogenannte Lead-User, die ein bestimmtes neues Bedürfnis früher oder stärker haben als andere. Wenn es einem Unternehmen gelingt, für Lead-User neue Produkte zu entwickeln, dann besteht die Möglichkeit, dass der Markt nachher enorm wächst. Dies ist immer dann der Fall, wenn das Bedürfnis der Lead-user auf größere Bereiche der Gesellschaft übergreift. Aber auch normale Kunden spielen eine große Rolle. Je mehr Kunden mit den Funktionalitäten neuer Produkte zufrieden sind und es weitererzählen, desto besser wird sich das Produkt verkaufen.

AKTUELLE HERAUSFORDERUNGEN DES INNOVATIONSMANAGEMENTS

Das Innovationsmanagement hat sich auch in Zukunft vielen aktuellen Herausforderungen zu stellen. Die vielleicht wichtigste ist die Schaffung einer innovationsorientierten Unternehmenskultur. Bisherige Untersuchungen haben gezeigt, dass der Prozess des Innovationsmanagements nicht allein durch organisatorische und technische Festlegungen gesteuert werden kann. Es kommt auch darauf an, eine Kultur der Fehlertoleranz und der Risikobereitschaft in Unternehmen zu implementieren. Nur wenn Mitarbeiter bereit sind, Unsicherheit zu ertragen, neue Produkte und Verfahren grundsätzlich zu begrüßen und dafür auch Risiken in Kauf zu nehmen, kann ein Unternehmen auf Dauer erfolgreich neue Produkte und Verfahren entwickeln. Bei der Gestaltung einer innovationsorientierten Unternehmenskultur kommt es auch auf geeignete Anreize für die Mitarbeiter an. Für Forscher sind nicht materielle Anreize oft viel wichtiger als Bonus und Prämienzahlungen. So kann man beispielsweise Forschern und Entwicklern Arbeitszeit zur Verfügung stellen, in der sie tun und lassen können, was sie wollen. Viele Forscher werden auch dadurch motiviert, dass sie auf Konferenzen fahren und ihre Ideen vortragen dürfen. Insgesamt dient eine offene Innovationskultur dazu, dass ein Unternehmen möglichst viel von anderen Unternehmen und von Forschungseinrichtungen lernt und dieses Wissen in die eigene Entwicklung einbringt.

Ein weiteres Merkmal einer offenen, innovationsorientierten Unternehmenskultur ist die intensive Kommunikation. Immer wenn Unternehmen offen kommunizieren, wenn Fehler machen erlaubt ist, und wenn eine gewisse Risikobereitschaft honoriert wird, werden die einzelnen Mitarbeiter bereitwillig Informationen austauschen. Die betriebswirtschaftliche Forschung hat auch gezeigt, dass eine offene Kommunikation nur dann möglich ist, wenn Organisationseinheiten nicht zu groß sind. Wenn ein Unternehmen zu groß wird, dann ist es durchaus möglich, dass bestimmtes Wissen in einzelnen Abteilungen vorliegt, aber anderen Abteilungen nicht mehr zur Verfügung gestellt wird.

Zudem kommt es auf eine eher geringe Regelungsdichte an. Im Gegensatz zu anderen Bereichen des Unternehmens sollten die Forschungs- und Entwicklungsabteilungen eher wenig reguliert und überwacht werden. Es macht auch keinen Sinn, bei F&E Aktivitäten auf kurzfristige Erfolge zu hoffen oder Mitarbeiter unter Druck zu setzen. Das Konfliktbewusstsein muss so ausgeprägt sein, dass Schnittstellenprobleme und Widerstände vorab mit eingeplant sind. Auch dies setzt voraus, dass man intrinsisch motivierte Mitarbeiter und eine offene Fehlerkultur implementiert. Es ist generell förderlich, wenn in Forschungsabteilungen eine gewisse Technologieorientierung vorherrscht. Mitarbeiter sollten offen sein für Innovationen und für Veränderungen. Sie sollten zuversichtlich sein, dass Innovationsprojekte umgesetzt werden können. Führungskräfte sollten akzeptieren, dass Entwickler auch ihre Liebhaberprojekte und ihre technischen Spielereien verfolgen. Nicht alles, was anfangs als Spielerei aussieht, bleibt kommerziell wertlos. Es gibt viele Beispiele dafür, dass Unternehmen sehr erfolgreiche Produkte aus angeblichen Fehlentwicklungen in anderen Bereichen abgeleitet haben.

Eine weitere erhebliche Herausforderung des Innovationsmanagements besteht in der Kommunikation eines Unternehmens mit der Außenwelt. Es gibt viele Vorbehalte gegen innovative Produkte und Verfahren. Häufig wird befürchtet, dass neue Produkte Gefährdungen mit sich bringen. Diese Angst lässt sich sehr weit zurückverfolgen. So befürchteten die ersten Beobachter von Eisenbahnen, dass den Passagieren aufgrund der hohen Geschwindigkeit der Züge das Gehirn aus dem Kopf gequetscht würde (Züge fuhren damals mit maximal 80 Stundenkilometern). Als die Antibabypille eingeführt wurde, befürchteten viele Beobachter gesundheitliche Langzeitschäden bei den Anwenderinnen. Viele Bedenken sind jedoch durchaus berechtigt und müssen ernst genommen werden. In allen Fällen können Unternehmen durch bessere Kommunikation mit der Außenwelt Informationsdefizite ausgleichen und Befürchtungen abbauen. Innovationen können auch als wesentliches Marketinginstrument eingesetzt werden. Ein Unternehmen kann beispielsweise aktiv kommunizieren, dass es mit der Realisierung von Innovationen Arbeitsplätze schafft und dass seine Innovationen den Menschen zu einem besseren Leben verhelfen. Je mehr Kommunikation ein Unternehmen mit seiner Außenwelt unternimmt, desto glaubwürdiger werden seine Produkte und desto höher ist der Stellenwert von Innovationen in der Öffentlichkeit.

Schließlich besteht eine wesentliche Herausforderung des modernen Innovationsmanagements in der Abwicklung von Kooperationen. Viele Innovationsvorhaben sind so groß, dass sie nicht mehr von einem Unternehmen alleine realisiert werden können. Ein Beispiel ist die Gewinnung von Solarenergie in den Wüsten Nordafrikas. Dort arbeiten mehrere große Unternehmen in einem Konsortium zusammen. Die Betriebswirtschaftslehre muss Verfahren und Instrumente entwickeln, wie solche großen Innovationskooperationen gehandhabt werden können. Dabei geht es nicht nur um die bereits erwähnte Einbindung von Kunden, es geht auch um die Einbindung von Lieferanten und um die Kooperation der Unternehmen untereinander. In vielen Fällen ist auch eine Kooperation mit Universitäten sinnvoll. Universitäten betreiben Grundlagenforschung. Viele der dort entwickelten Patente und Ideen lassen sich jedoch später in marktfähige Produkte und Verfahren umsetzen. Auch hier besteht eine große Herausforderung darin, die Kooperation zwischen Universitäten und Unternehmen in der Entwicklung von Innovationen zu verbessern. Bisher sind die beiden Welten noch zu unterschiedlich. Bisherige Beispiele zeigen jedoch, dass Kooperationen einen wichtigen Beitrag zur Entwicklung erfolgreicher Innovationen leisten können, insbesondere dann, wenn es um Innovationen mit sehr hohem Kapitalbedarf und sehr großen Risiken geht.

LITERATUR

Corsten, Hans/Gössinger, Ralf/Schneider, Herrfried (2006): Grundlagen des Innovationsmanagements, München (Verlag Vahlen)

Hauschildt, Jürgen/Salomo, Sören (2007): Innovationsmanagement, 4. Auflage, München (Verlag Vahlen).

Abb.: Hochschulübergreifende Workshops, Seminare, Tagungen, Konferenzen, Jurierungen, Preisverleihungen, Ausstellungen in der [ID]factory und Werke von: Ludmila Donis / Caroline Lennartz (Performance), Natalie Trippel (Objekt), Kristin Hofmann (Video)

Dr.-Ing. Werner Baumann

Wissenschaftlicher Mitarbeiter des Instituts für Umweltforschung (INFU) der Technischen Universität Dortmund, Verfahrenstechniker, Arbeitsgruppe Nachhaltige Branchenkonzepte

Werner Baumann befasst sich seit vielen Jahren mit nachhaltigen Konzepten für Massenprodukte aus allen großen Branchen wie Fotografie, Druckereien, Papier, Batterien, Farben und Lacke, Metallbearbeitung, Kautschuk und Gummi, Möbelindustrie, Textilindustrie. Seine Arbeitsschwerpunkte liegen dabei in den Bereichen Wertschöpfungsnetzwerke, Produkt- und Stoffbewertungen (Toxikologie, Ökologie, Arbeitsschutz, Verbraucherschutz), Produktverantwortung, Beratung zu Fragen der Abwasser- und Abfallbehandlung und Basishygiene in Entwicklungsländern (Wasser, Abwasser, Abfall). Viele seiner Publikationen und online-Datenbanken wurden zu branchenspezifischen Nachschlagewerken.

Mit »ZweitSinn«, einer Recycling-Möbelmarke, die im Rahmen eines von der Deutschen Bundesstiftung Umwelt geförderten Projekts entwickelt wurde, zeigt Werner Baumann neue Möglichkeiten eines nachhaltigen Möbeldesigns, indem äußerst originelle Designermöbel aus altem Mobiliar vom Sperrmüll und anderen Alt-Materialien gefertigt werden.

Prof. Ursula Bertram, Mainz, Dortmund

Professorin an der Technischen Universität Dortmund am Institut für Kunst und Materielle Kultur, Fachgebiet »Plastik und Interdisziplinäres Arbeiten«, Gründerin des Zentrums für Kunsttransfer, Leiterin der [ID]factory; www.ursula-bertram.de, www.id-factory.de

Ursula Bertram ist engagierte Querdenkerin mit Pioniergeist. Außerhalb ihres Kernbereichs Kunst erschließt sie immer neue Anwendungsmöglichkeiten künstlerischen Denkens und macht diese Denkweise zur Methode im Forschungsschwerpunkt »Kunst in außerkünstlerischen Feldern«. Bertram hinterlässt Spuren durch Werke im öffentlichen Raum in Deutschland, USA, Russland, Venezuela, Frankreich und im Gedankenraum der Betrachter ihrer konzeptionellen Ausstellungs-Performances. Als Gastprofessorin in den USA und Venezuela arbeitet sie im interdisziplinären und intermedialen Raum. Aktueller Schwerpunkt ist die Querdenker-Fabrik [ID]factory, ein fachübergreifendes Modellprojekt zwischen Kunst, Wissenschaft und Wirtschaft.

Esther Borowski, M.A., Aachen

Wissenschaftliche Mitarbeiterin am Institutscluster ZLW/IMA & IfU Aachen,
Wirtschaftsgeographin; borowski@zlw-ima.rwth-aachen.de

Esther Borowski ist wissenschaftliche Mitarbeiterin im Bereich Wissensmanagement am Zentrum für Lern- und Wissensmanagement und Lehrstuhl Informationsmanagement im Maschinenbau der RWTH Aachen. Zuvor war sie von 2006 bis Mai 2010 als persönliche Referentin von Prof. Henning und wissenschaftliche Mitarbeiterin am ZLW/IMA tätig. Sie studierte Wirtschaftsgeographie, Geographie und Volkswirtschaftlehre an der RWTH Aachen. Während ihres Studiums arbeitete sie als verantwortliche Beraterin in einer studentischen Unternehmensberatung.

Prof. Dr. Nils Büttner

Inhaber des Lehrstuhls für Mittlere und Neuere Kunstgeschichte
an der Staatlichen Akademie der Bildenden Künste Stuttgart

Geb. 1967, Studium der Kunstgeschichte, Volkskunde und klassischen Archäologie. Promoviert an der Georg-August-Universität Göttingen mit der Arbeit »Die Erfindung der Landschaft: Kosmographie und Landschaftskunst im Zeitalter Bruegels«. 1998/99 als Wissenschaftlicher Mitarbeiter an der Universität Göttingen, dort Katalogisierung der Handzeichnungen der Kunstsammlung. 1999 Volontär, 2000/01 Ausstellungskurator am Herzog Anton Ulrich-Museum Braunschweig. Von 2001 bis 2008 wissenschaftlicher Mitarbeiter am Institut für Kunst und Materielle Kultur der Technischen Universität Dortmund. Dort im Wintersemester 2004/05 Habilitation mit der Arbeit »Herr P. P. Rubens. Von der Kunst, berühmt zu werden«. Seit Oktober 2008 Inhaber des Lehrstuhls für Mittlere und Neuere Kunstgeschichte an der Staatlichen Akademie der Bildenden Künste Stuttgart. Schwerpunkte seiner wissenschaftlichen Arbeit sind die deutsche und niederländische Kunst- und Kulturgeschichte der Frühen Neuzeit sowie die Geschichte von Graphik und Buchillustration.

Prof. Dr. Klaus-Peter Busse

Universitätsprofessor am Seminar für Kunst und Kunstwissenschaft der TU Dortmund, Beauftragter des Rektorats für Ruhr.2010, Mitglied des wissenschaftlichen Beirats des Kulturwissenschaftlichen Instituts Essen (KWI), Vize-Präsident der Hans-Breder-Stiftung in Iowa (USA). http://web.mac.com/klaus.peter.busse

Klaus-Peter Busse entwickelt Vermittlungsmodelle für den Umgang mit Kunst. Nach seiner Promotion über Cy Twombly und der Habilitation über den Bildatlas als Handlungsapparat verfasste er mehrere Bücher über sein Modell der »Bildumgangsspiele« als Methode des Umgangs mit Bildern in Bildungssituationen. In seinem neuen Buch über »Blickfelder« entwickelt er das Modell der kulturellen Skripte in ihrer Bedeutung für das künstlerische Handeln.

Klaus-Peter Busse war Fellow am Oberman Center for Advanced Studies in Iowa City und wertete dort das Kunstarchiv der Universität aus. In diesem Arbeitskontext entstehen bis heute Bücher über Intermedia als künstlerische Methode der Erkundung liminaler Felder als Innovationszonen der Kunst.

Prof. Dr. Horst Geschka, Darmstadt

Emeritierter Stiftungsprofessor an der TU Darmstadt
Geschäftsführer der Geschka & Partner Unternehmensberatung, Darmstadt,
www.geschka.de

Horst Geschka beschäftigt sich seit rund 40 Jahren mit gezielter Kreativitätsförderung als Grundlage für Innovationen und Problemlösungen. Er hat einige Kreativitätstechniken entwickelt. Besonders hervorzuheben sind dabei die Konfrontationstechniken, die darin bestehen, dass der Problemlöser oder die Problemlösungsgruppe mit Objekten oder Bildern konfrontiert werden, die keine erkennbare Beziehung zur Problemstellung haben. Aus dem Spannungsfeld dieser Konfrontation werden Lösungsansätze abgeleitet.

Ein weiterer Schwerpunkt der Arbeiten von Prof. Geschka ist die Entwicklung von Szenarien, also von Zukunftsbildern für konkrete, strategisch relevante Themen. Diese Szenarien dienen als Grundlage für strategische Maßnahmen oder von Innovationsstrategien.

Eckhard Gransow, Hemer
Leiter Vor- und Komponentenentwicklung
der Grohe AG, www.grohe.com; eckhard.gransow@grohe.com

Eckhard Gransow ist Leiter Vor- und Komponentenentwicklung der Grohe AG, zuständig für die Vor- und Serienentwicklung der sanitärtechnischen Funktionskomponenten und neuer Technologien. Er studierte ein technisch ausgerichtetes Industrial Design an der BU Wuppertal und war als Designer und Ingenieur mehrere Jahre in der Entwicklungsabteilung des Sanitärarmaturenherstellers Friedrich Grohe tätig. In den letzten Jahren lagen die Haupttätigkeiten im Bereich der Vorentwicklung, Wettbewerbsanalyse und Konzeptentwicklung unter Nutzung modernster Methoden wie z. B. WOIS, Roadmapping, Szenariotechnik und Open Innovation. Auf dieser Basis werden heute in seinem Team innovative Funktionskomponenten von der Idee bis zur qualifizierten Serie entwickelt.

Birgit Götz, Dortmund
liquid move – spartenübergreifender Tanz
für Bühne und Raum, b.goetz@dokom.net

Birgit Götz arbeitet als Choreografin und Tänzerin für Bühne und Raum. Der spartenübergreifende Tanz, die Verbindung von Tanz und anderen Kunstformen, ist der Schwerpunkt ihres künstlerischen Wirkens.
Sie arbeitet mit professionellen Künstlern und Tänzern, leitet die Tanzwerkstatt am Theater im Depot in Dortmund und hat Engagements als Choreografin, Tänzerin und Projektleiterin für Tanzprojekte, Tanzfestivals und Tanztage über die Stadtgrenzen hinaus.
Birgit Götz ist bundesweit als Choreografin für verschiedene Wirtschaftsunternehmen im Rahmen von Ausbildungen und Studiengängen tätig und hat Lehraufträge an der TU Dortmund für interdisziplinäre Kunst. Bei dem NRW-Landesprogramm Kultur und Schule ist sie seit mehreren Jahren als Künstlerin vertreten.

Prof. Dr.-Ing. Klaus Henning, Aachen

Professor an der RWTH Aachen, Fakultät für Maschinenwesen & Senior Advisor am Institutscluster ZLW/IMA & IfU Aachen; Senior Advisor des Institutsverbunds ZLW/IMA&IfU der RWTH Aachen; Senior Consultant bei der OSTO® Systemberatung GmbH Aachen; www.zlw-ima.rwth-aachen.de und www.ifu-rwth-aachen.de; www.osto.de

Klaus Henning ist ein bedeutender Vorreiter bei der Verfolgung interdisziplinärer Ansätze in den Ingenieurwissenschaften und der Erweiterung der kybernetischen Theorie auf den Bereich von Organisationen. Sein wissenschaftliches Lebenswerk ist durch den Gedanken »Technik von Menschen für Menschen« gekennzeichnet.

In seiner Dissertation untersuchte er Mensch-Maschine-Systeme, und in seiner Habilitationsschrift setzte er sich mit der Entropie in der Systemtheorie auseinander. Es gelang ihm, das ZLW/IMA & IfU zu einem der größten interdisziplinären Institutsverbünde mit einer herausragenden Bedeutung für die RWTH Aachen aufzubauen. Die Schwerpunkte seines Gesamtwerks liegen in der Vorstands- und Hochschulberatung, IT Reviews, im Spezifikations- und Projektmanagement großer Kooperationsverbünde (IT-Prozesse, Forschungsprozesse).

Prof. Jan Kolata, Düsseldorf / Dortmund

Professor an der Technischen Universität Dortmund, Lehrstuhl für Malerei, www.jankolata.de

Jan Kolata zählt mit seinem umfangreichen und differenzierten Oeuvre zu denjenigen Malern, die in hoher Konzentration und Intensität über einen langen Zeitraum hinweg nach den Bedingungen von Malerei fragen. Die Bilder zeigen dies in einem sehr materialkräftigen, fast expressiven Duktus, an der Grenze zwischen Abstraktion und Gegenständlichkeit. Kolatas Bilder sind nie in einem oberflächlichen Sinne fertig, sie zeigen, wie sie gemacht werden. In ihnen treffen wir auf eine Malerei, die gleichermaßen konzeptuell wie delikat in Erscheinung tritt.

Jan Kolata hat an der Kunstakademie Düsseldorf studiert und war dort Meisterschüler von Erich Reusch. Zahlreiche internationale Ausstellungen, Stipendien und Preise. Aktuell Gastprofessur an der Shaanxi University in Xi'an, China. Ausstellung im Xi'an Art Museum.

Prof. Dr.-Ing. Bernd Künne, Dortmund
Professor an der Technischen Universität Dortmund
Fachgebiet Maschinenelemente, www.maschinenelemente.info

Bernd Künne ist Universitätsprofessor für Maschinenelemente. Er vertritt die Fächer Technisches Zeichnen, Maschinenelemente, Konstruktionssystematik und CAD. Lehrerfahrungen hat er an mehreren Universitäten und Fachhochschulen sowie in zahlreichen Fortbildungsmaßnahmen für Praktiker im konstruktiven Bereich, sowohl in Weiterbildungsinstitutionen, als auch als in-house-Schulungen in Industrieunternehmen, sammeln können. Er ist Autor mehrerer einschlägiger Fachbücher, die Standardwerke des Maschinenbaus sind, sowie Herausgeber einer eigenen Reihe von Forschungsberichten.

Als Gutachter, insbesondere in Patentstreitigkeiten, ist er am Bundesgerichtshof und an Oberlandesgerichten tätig. Außerdem hat er eine langjährige Erfahrung im selbständigen Bereich in der Entwicklung, der Konstruktion und dem Bau von Sondermaschinen. Künne ist es als Ingenieur gewohnt, Probleme einerseits systematisch und analytisch anzugehen, andererseits aber auch das erforderliche Maß an Kreativität zu entwickeln, ohne das Innovationen nicht denkbar wären.

Birgit Luxenburger
Malerin, Grafik-Designerin, Fotografin
www.bilux.net

Auf der Suche nach dem Zusammenhang zwischen allem Lebendigen findet sie das Verbindende regelmäßig in ihren unterschiedlichen Tätigkeitsfeldern.
Birgit Luxenburger arbeitet als Malerin, Fotografin, genau so wie als Lehrende und Vermittlerin. In dieser funktionellen Vielfalt findet sie immer wieder zu ihrer wichtigsten Rolle: der einer Grenzgängerin, die sich zwischen Kunst, künstlerischen Prozessen und gesellschaftlichen Projekten bewegt.

Ihre abstrakten vielschichtigen Bilder handeln vom Sehen selbst, vom Schein und von der Wirklichkeit. Auch in ihren fotografischen Formulierungen zum Thema »Raum« stellt sie die Mechanismen der Wahrnehmung oft überraschend auf den Kopf, indem sie virtuos auf der Klaviatur der visuellen Wahrnehmung spielt.

Dipl.-Ing. Björn Palm, Dortmund
Wissenschaftlicher Angestellter an der Technischen Universität Dortmund,
Fachgebiet Maschinenelemente, www.maschinenelemente.info

Björn Palm ist am Fachgebiet Maschinenelemente der Technischen Universität Dortmund als wissenschaftlicher Angestellter in den Bereichen Konstruktion & Entwicklung tätig. Zahlreiche Projekte wurden durch sein Potenzial, komplexe Aufgabenstellungen systematisch zu durchdringen und zeitgleich simple sowie innovative Lösungen abzuleiten, erfolgreich abgewickelt. In Lehrveranstaltungen werden von ihm technische Zusammenhänge dargelegt und den Studenten vermittelt.
International, unter anderem auf dem afrikanischen Kontinent, führten Projekte unter Palms Leitung zu herausragendem Erfolg. Durch seine anschauliche Art und Weise, Inhalte zu vermitteln, weckt er nicht nur bei Studenten große Begeisterung für die behandelten Themen.

Dr.-Ing. Werner Preißing, Berlin, Stuttgart
Studienleiter für Architekturmanagement, Steinbeis-Hochschule Berlin,
Systemanalytiker, Unternehmerberater, Architekt, Mitbegründer des
Zentrums für Kunsttransfer/[ID]factory, Dortmund, www.preissing.de

Werner Preißing gilt als Vordenker für neuronales Management und performative Unternehmenskunst. Er promovierte an der Fakultät Bauwesen in Stuttgart im Bereich Systemanalyse. Seine unverwechselbaren Systemskizzen machen komplexe Zusammenhänge sichtbar. Preißings Methoden wurden vielfach veröffentlicht. Er ist Fachbuch-Bestseller-Autor und begeistert seine Hörer an Universitäten und Hochschulen mit innovativen Denkanstößen. 2003 gründet er den Studiengang Architekturmanagement an der Steinbeis-Hochschule Berlin.
Er ist Vorstand der Unternehmerberatung Dr.-Ing. Preißing AG und Geschäftsführer des BfI, Büro für Innovationsforschung. Seine Beratungsschwerpunkte sind strategische Unternehmensentwicklung, Wertermittlung, Nachfolgeregelung, Mitarbeiterentwicklung sowie persönliche und berufliche Positionierung.

Prof. Dr. Klemens Störtkuhl, Bochum

Professor für Biologie und Biotechnologie, AG Sinnesphysiologie an der
Ruhr-Universität Bochum, Dekan des Optionalbereichs, www.optionalbereich.de
und http://sinphys.rub.de

Klemens Störtkuhl ist ein Wanderer zwischen den Welten, schon während seiner Ausbildung in Indien, USA, Schweiz. Neben seinem Forschungsschwerpunkt, den Gerüchen auf die Spur zu kommen, ist er als Studiendekan des Optionalbereichs Moderator für die Vermittlung von Schlüsselkompetenzen in 14 Fakultäten und mehr als 30 Fächern an der Ruhr-Universität. Seine Arbeiten und internationalen Kooperationen zur Geruchserkennung der Taufliege Drosophila melanogaster ergänzt er regelmäßig durch gemeinsame, ethische Diskussionen mit Theologen und Philosophen.

Störtkuhl engagiert sich in Kooperationen von Universität und Schule, um eine frühe Heranführung Jugendlicher an die Forschung zu ermöglichen. Gleichzeitig fördert er die Zusammenarbeit zwischen der Universität und mittelständischen Wirtschaftsunternehmen.

Prof. Dr. Peter Witt, Dortmund

Professor für Innovations- und Gründungsmanagement an der TU Dortmund,
www.tu-dortmund.de/wiso/igm

Peter Witt hat Volkswirtschaftslehre in Bonn studiert. Er wurde in Betriebswirtschaftslehre an der WHU promoviert und an der Humboldt-Universität zu Berlin habilitiert. Peter Witts Forschungsgebiete sind Entrepreneurship, Innovationsmanagement und Familienunternehmen. Er hat in führenden deutschen und internationalen Zeitschriften veröffentlicht. Herr Witt ist Bereichsherausgeber einer der ältesten deutschen Fachzeitschriften für Betriebswirtschaftslehre, der Zeitschrift für Betriebswirtschaft. Er verantwortet dort den Bereich »Kleine und mittlere Unternehmen«. Weiterhin ist Peter Witt Präsident des größten deutschen Vereins zur Gründungsforschung, des Förderkreises Gründungsforschung e.V. (FGF), Mitglied des Forschungsrats des Instituts für Mittelstandsforschung in Bonn sowie Vorsitzender der wissenschaftlichen Kommission in der Erich Gutenberg Arbeitsgemeinschaft e.V.

Dortmunder Schriften zur Kunst
Herausgegeben vom Institut für Kunst und Materielle Kultur
an der Technischen Universität Dortmund

STUDIEN ZUR KUNSTDIDAKTIK

Band 1: Klaus-Peter Busse (Hg.), **Kunstdidaktisches Handeln**, Norderstedt 2003

Band 2: Klaus-Peter Busse, **Bildumgangsspiele: Kunst unterrichten**, Norderstedt 2004

Band 3: Klaus-Peter Busse, **Vom Bild zum Ort: Mapping lernen**, Norderstedt 2007

Band 4: Jürgen Stiller, **Gegen das blinde Sehen – empirische Rezeptionsforschung im Unterrichtsfach Kunst**, in Vorbereitung

Band 5: Jürgen Stiller (Hg.), **Bildräume – Bildungsräume. Kulturvermittlung und Kommunikation im Museum**, Norderstedt 2007

Band 6: Karl-Josef Pazzini/Klaus-Peter Busse (Hg.), **(Un)Vorhersehbares Lernen: Kunst-Kultur-Bild**, Norderstedt 2008

Band 7: Rudolf Preuss (Hg.), **Mapping Brackel**, Norderstedt 2008

Band 8: Ansgar Schnurr, **Über das Werk von Timm Ulrichs und den künstlerischen Witz als Erkenntnisform**, Norderstedt 2008

Band 9: Klaus-Peter Busse, **BILDUMGANGSSPIELE EINRICHTEN**, mit einem Projekt von Katrin Laupenmühlen und Sehra Karakus, Norderstedt 2009

Band 10: Barbara Welzel (Hg.), **Weltwissen Kunstgeschichte. Kinder entdecken das Mittelalter in Dortmund**, Norderstedt 2009

Band 11: Klaus-Peter Busse, **Blickfelder: Kunst unterrichten – die Vermittlung künstlerischer Praxis**, Norderstedt 2011

Band 12: Rudolf Preuss, **Intermedia: Vom künstlerischen Experiment zum Verfahren im Kunstunterricht**, in Vorbereitung, Norderstedt 2010

INTERMEDIA-STUDIEN

Band 1: Hans Breder/Klaus-Peter Busse (ed.), **Intermedia: Enacting the Liminal**, Norderstedt 2005

Band 2: John G. Hanhardt, **Intermedia and Process in Late Twentieth-Century Art**, mit einem Vorwort und herausgegeben von Klaus-Peter Busse, Norderstedt 2007

Band 3: Heiner Hachmeister (ed.), **Ana Mendieta / Hans Breder: A Relationship in Documents**, with essays by Klaus-Peter Busse and Herman Rapaport, Norderstedt 2010

KATALOGE UND ESSAYS

Band 1: Bernhard Waldenfels, **Findigkeit des Körpers**, Norderstedt 2004

Band 2: Holger Schnapp, **Inter.View**, mit einem Beitrag von Jean-Marie Gleize, Norderstedt 2007

Band 3: Bettina van Haaren (Hg.), **Pfandjäger**, Norderstedt 2007

Band 4: Jan Kolata (Hg.), **Friedrichsburg**, Dortmund 2008

Band 5: Benjamin Vogel, **Landschaften erfinden: Von der Idee zur Landkarte zum Bild**, (mit Textbeiträgen von Klaus-Peter Busse und Nils Büttner), Norderstedt 2008

Band 6: Barbara Welzel/Bettina van Haaren (Hg.), **Doppelt im Visier. Kunst und Wissenschaft vor Ort in der Immanuel-Kirche in Dortmund-Marten und in der Zeche Zollern III/IV in Dortmund-Bövinghausen**, Norderstedt 2009

Band 7: Bettina van Haaren (Hg.), **Linienfahrt**, Dortmund 2010

Band 8: Bettina van Haaren (Hg.), **Christine Laprell: hier sein – being here**, Norderstedt 2010

Band 9: Klaus-Peter Busse/Rudolf Preuss/Kurt Wettengl (Hg.), **U-Westend. Ein Projekt kultureller Bildung** in Vorbereitung, Norderstedt 2010

Band 10: Bettina van Haaren/Barbara Welzel (Hg.), **Kunst und Wissenschaft vor Ort: Der Hohenhof in Hagen**, Norderstedt 2010

STUDIEN ZUR KUNSTGESCHICHTE

Band 1: Esther Meier, **Kunstproduktion in den Franziskanerklöstern zu Korbach und Meitersdorf**, Norderstedt 2008 (zugleich Waldeckische Forschung. Band 1)

STUDIEN ZUR KUNST IN AUSSERKÜNSTLERISCHEN FELDERN

Band 1: Ursula Bertram (Hg.) **Innovation – wie geht das?**, Norderstedt 2010

Mein besonderer Dank gilt allen Referenten der beiden Ringvorlesungen »Innovation – wie geht das?« in den Sommersemestern 2008 und 2009 in der [ID]factory

Dr. Werner Baumann
TU Dortmund, Umweltforschung

Prof. Dr. Nils Büttner
Stuttgart, Staatl. Akademie der Bildenden Künste, Kunstgeschichte

Prof. Dr. Klaus-Peter Busse
TU Dortmund, Kunstvermittlung

Prof. Dr. Brigitte Falkenburg
TU Dortmund, Philosophie

Prof. Dr. Horst Geschka
Darmstadt, Unternehmensberatung

Birgit Luxenburger
Mainz, Kunst

Birgit Götz
Dortmund, liquid move, Tanz

Eckhard Gransow
Hemer, Grohe AG, Industrial Design, Innovationsentwicklung

Uwe Hasenbeck
München, Konzepthaus Medien & Marketing

Prof. Dr. Klaus Henning
RWTH Aachen, Maschinenbau und Informatik

Prof. Jan Kolata
TU Dortmund, Malerei

Prof. Dr. Bernd Künne
TU Dortmund, Maschinenbau

Michael Küstermann
Dortmund, AKKU, Kunst und Kirche

Dr.-Ing. Werner Preißing
Büro für Innovationsforschung Mainz, Architektur, Systemanalyse

Prof. Dr. Günther Rötter
TU Dortmund, Musik

Prof. Dr. Michael V. Schwarz
Universität Wien, Historisch-Kulturwiss. Fakultät, Kunstgeschichte

Prof. Dr. Klemens Störtkuhl
Ruhr-Universität Bochum, Biologie

Prof. Dr. Peter Witt
TU Dortmund, Wirtschaftswissenschaften

Prof. Ursula Bertram
TU Dortmund, Zentrum für Kunsttransfer, [ID]factory
Institut für Kunst und Materielle Kultur